新型作战力量训学研一体训练模式研究

李媛 著

国防工业出版社

·北京·

内 容 简 介

本书聚焦新型作战力量训练这一我军军事斗争准备需要面临的现实问题，在对新型作战力量基础理论进行多维度深入剖析的基础上，结合我军新型作战力量训练开展实际，针对新型作战力量从组建到形成初始战斗力过程中，新型作战力量作战能力、组训能力快速生成的需求以及新型作战力量初始战斗力生成后转入常规训练体系开展新型作战力量训练的过程中，新型作战力量提质扩容的需求，设计了新型作战力量训学研一体训练模式。从理论基础、总体设计、模式构建、运行策略等方面阐述了新型作战力量训学研一体训练模式的建立与运行问题。

本书可作为试训基地、军队院校、国防工业部门等开展新型作战力量训练工作的参考借鉴，亦可为各级首长机关开展新型作战力量训练指导工作提供决策咨询。

图书在版编目（CIP）数据

新型作战力量训学研一体训练模式研究 / 李媛著.
北京：国防工业出版社，2025. -- ISBN 978-7-118-13618-0

Ⅰ．E251

中国国家版本馆 CIP 数据核字第 20259XB711 号

※

国防工业出版社 出版发行
（北京市海淀区紫竹院南路 23 号 邮政编码 100048）
三河市天利华印刷装订有限公司印刷
新华书店经销

*

开本 710×1000 1/16 印张 8¼ 字数 117 千字
2025 年 5 月第 1 版第 1 次印刷 印数 1—1500 册 定价 58.00 元

（本书如有印装错误，我社负责调换）

国防书店：(010)88540777　　书店传真：(010)88540776
发行业务：(010)88540717　　发行传真：(010)88540762

前　　言

　　新型作战力量作为具有引领性的作战力量，是世界各国争相布局的全新战略增长点，是建设世界一流军队的强力引擎。近年来，随着综合国力的大幅跃进以及科技实力的不断攀升，我国在以人工智能、航空航天为代表的高新技术领域已经跃居世界第一梯队，这也为我军新型作战力量建设提供了动力源和支撑点，推动我军在新型作战力量建设上取得了实质性的进展。然而，随着新型作战力量装备、技术上建设优势的形成，我军新型作战力量训练所存在的问题逐步暴露。由于新型作战力量技术、装备、战法等要素大多具有原创性，其在战斗力生成过程中的训练内容、训练方法、训练手段、训练指导等都面临从无到有的构建过程，难以沿用传统力量训练的既有模式。因此，新型作战力量领域新的训练模式构建，成为制约新质战力生成的关键问题。

　　为此，本书聚焦新型作战力量"战争、科技"双驱动以及开放性、跨界性、迭代性等鲜明特质，改变传统训练研究从训练内容、训练方法等训练要素入手的常规做法，从训练结构、训练流程对新型作战力量训练进行重构。以"大训练观"为牵引，将支撑新质战力生成的"训""学""研"多方训练资源融合，提出了"1+N""两阶段""双主体"的新型作战力量训学研一体训练模式整体构想，形成了覆盖新型作战力量发展全生命周期的"两阶段"研究逻辑主线：在新型作战力量"从无到有"阶段，根据新型作战力量全新组建的训练需求，构建了以试训基地、军队院校和装备研制单位为训练主体，"装备研制单位主导的装备预训""军队专业院校主导的专业培训""试验训练基地主导的体系试训"为结构性要素，以支持、反馈、服务为功能性要素的训练模式，解决"训""学""研"三方如何一体发挥作用促使新质战力快速生成的问题；在新型作战力量"从有到强"阶段，根据新型作战力量提质扩容的训练需求，构建了以新型作战力量部队、军队院校和研究单位为训练主体，"前伸后延的院校教育""学研融入的部队训练"以及"多元支撑的职业教育"为结构性要素，以支持、反馈、服务为功能性要素的训练模式，解决新型作战力量部队转入常规训练阶段后，"训""学""研"三方如何一体发挥作用促使训练效益提升问题。最后，聚焦新型作战力量训学研一体训练模式运行中 PDCA 各阶段的关键质量控制要素开展策略制定，形成新型作战力量训学研一体模式从构建到运行的闭环。期冀通过本书的研究探索为新型作战力量训练活动的开展提供决策参考，为新型作战力量作战能力的快速生成赋能增势。

作　者

2024 年 8 月 23 日

目 录

第一章 新型作战力量训练模式创新构建的提出 ……………………………… 1
  第一节 新型作战力量训练模式的创新需求 ………………………………… 1
  第二节 新型作战力量训练模式的国际借鉴 ………………………………… 4
    一、注重顶层设计，统筹布局新型作战力量训练机构与制度 …………… 4
    二、注重理念创新，前沿拓展新型作战力量训练概念与维度 …………… 6
    三、注重人才培养，着力夯实新型作战力量训练根基和本源 …………… 6
    四、注重多方协同，体系提升新型作战力量训练质量与效益 …………… 7
    五、注重技术注入，聚力升级新型作战力量训练方法与手段 …………… 8
    六、注重场景构设，布局打造新型作战力量训练条件与环境 …………… 9
    七、注重对接实战，常态开展新型作战力量训练演习与演练 …………… 11
  第三节 新型作战力量训学研一体训练模式的提出 ………………………… 13

第二章 新型作战力量训学研一体训练模式的理论基础 ……………………… 14
  第一节 新型作战力量的多维解读 …………………………………………… 14
    一、新型作战力量的定义 ………………………………………………… 14
    二、新型作战力量的定位 ………………………………………………… 17
    三、新型作战力量的规律 ………………………………………………… 18
  第二节 新型作战力量训练模式的概念界定 ………………………………… 24
    一、训练、模式和训练模式 ……………………………………………… 24
    二、新型作战力量训练模式 ……………………………………………… 26
  第三节 新型作战力量更迭与训练模式演进的逻辑关系辨析 ……………… 28
    一、新型作战力量更迭与训练模式演进规律 …………………………… 28

二、新型作战力量更迭与训练模式演进逻辑……………………………31
　第四节　新型作战力量训学研一体训练模式……………………………35
　　一、新型作战力量训练开展需求……………………………………36
　　二、新型作战力量训学研一体训练模式的基本组成…………………41
　　三、新型作战力量训学研一体训练模式的典型特征…………………44

第三章　新型作战力量训学研一体训练模式的总体设计…………………47
　第一节　新型作战力量训学研一体训练模式的理论依据…………………47
　　一、经济学视角——基于共赢理论的训练模式价值取向……………47
　　二、哲学视角——基于发展哲学的训练模式基本特征………………49
　　三、社会学视角——基于三螺旋理论的训练模式策源力……………51
　　四、管理学视角——基于战略联盟理论的主体关系营造……………53
　第二节　新型作战力量训学研一体训练模式的构建原则…………………55
　　一、以军事训练政策法规为依据……………………………………55
　　二、以新质作战能力生成为目标……………………………………56
　　三、以体现科技主导作用为灵魂……………………………………57
　　四、以推进整体统筹为基本路径……………………………………57
　第三节　新型作战力量训学研一体训练模式的整体框架…………………58
　　一、新型作战力量训学研一体训练模式的基本考虑…………………58
　　二、新型作战力量训学研一体训练模式的框架设计…………………60

第四章　新型作战力量"从无到有"阶段训练模式构建………………………63
　第一节　新型作战力量"从无到有"阶段训练模式的设计…………………63
　　一、训练目标…………………………………………………………63
　　二、训练主体及职能…………………………………………………65
　　三、基本框架…………………………………………………………66
　第二节　新型作战力量"从无到有"阶段训练模式的结构性要素……………67
　　一、装备研制单位主导的装备预训……………………………………67
　　二、军队专业院校主导的专业培训……………………………………69
　　三、试验训练基地主导的体系试训……………………………………72

  第三节 新型作战力量"从无到有"阶段训练模式的流程性要素……76
    一、支持流程……76
    二、反馈流程……78
    三、服务流程……80

第五章 新型作战力量"从有到强"阶段训练模式构建……82
  第一节 新型作战力量"从有到强"阶段训练模式的设计……82
    一、训练目标……82
    二、训练主体及职能……84
    三、基本框架……84
  第二节 新型作战力量"从有到强"阶段训练模式的结构性要素……85
    一、前伸后延的院校教育……85
    二、学研融入的部队训练……89
    三、多元支撑的职业教育……94
  第三节 新型作战力量"从有到强"阶段训练模式的流程性要素……98
    一、支持流程……99
    二、反馈流程……101
    三、服务流程……103

第六章 新型作战力量训学研一体训练模式的运行策略……105
  第一节 准备阶段：着眼模式变革，培塑全新观念……105
    一、新型作战力量训学研一体训练应培塑体系观念……106
    二、新型作战力量训学研一体训练应培塑质量观念……106
    三、新型作战力量训学研一体训练应培塑融合观念……107
  第二节 执行阶段：聚焦多方对接，构建运行机制……108
    一、新型作战力量训学研一体训练模式的动力机制……109
    二、新型作战力量训学研一体训练模式的支撑机制……110
    三、新型作战力量训学研一体训练模式的保障机制……112
  第三节 检查阶段：依托模式评价，提升训练质量……114
    一、新型作战力量训学研一体训练模式的评价导向……114

二、新型作战力量训学研一体训练模式的评价原则……………116
三、新型作战力量训学研一体训练模式的评价组织……………117
第四节　处理阶段：强化数据运用，形成改进闭环……………119
一、训学研一体训练模式中"研"方的"循数整改"……………119
二、训学研一体训练模式中"学"方的"循数整改"……………120
三、训学研一体训练模式中"训"方的"循数整改"……………121

第一章　新型作战力量训练模式创新构建的提出

当今世界正经历"百年未有之大变局",大国博弈日趋激烈、战争形态加速演化、作战体系改革重塑,面对种种挑战,如何不断强化军事能力,捍卫国家安全与发展利益,成为摆在我们眼前的一项重大课题。习近平主席明确指出,要"扭住新型作战力量建设这个战略重点,大幅度提高新质战斗力比重,努力构建以精锐作战力量为主体的军事力量体系。"[1]新型作战力量作为先进军事技术和新型作战思想有机结合的产物,在历次大小作战行动中往往成为扭转战局、决定胜负的关键。面对强敌在政治、经济、军事等全方位的战略围堵,我国必须加快战略性、前瞻性、威慑性的新质新域作战力量布局,创新新型作战力量训练组织模式和运行机制,促进新质战斗力高效生成,从而发挥新型作战力量对我国国家安全的战略支撑作用。

第一节　新型作战力量训练模式的创新需求

近年来,随着我军军事训练格局的系统性重构,新型作战力量训练亦开始了其变革性重塑。然而,行百里者半九十,现行新型作战力量训练中仍存在诸多改革的"最后一公里"亟需打通,一些系统性盲点、结构性堵点、体制性痛点问题严重制约着新型作战力量训练效益发挥,现阶段我军新型作战力量训练目前仍处于"摸着石头过河"的边探索边实践阶段,尚未形成科学有效的方法范式,在整个军事训练体系中没能占据与其作用相匹配的地位。亟需按照新的

---

[1] 中央军委政治工作部.《习近平论强军兴军》[M]. 北京:解放军出版社,2017.

战争形态指引，构建与新型作战力量特点以及战斗力生成规律相契合的军事训练模式和运行机制，促进新质战斗力快速生成，实现改革"二次创新"。

新型作战力量训练模式创新是我军建成世界一流军队的迫切需求。党的二十大明确提出"如期实现建军一百年奋斗目标，加快把人民军队建成世界一流军队，是全面建设社会主义现代化国家的战略要求"[①]。世界一流军队，必然具有世界一流的作战力量体系，美国等军事强国在20世纪90年代就已开始布局新型作战力量，并在几次现代战争和军事冲突中通过新型作战力量的成功运用改变了战争形态，引领了机械化战争向信息化战争的形态跃迁，并正向智能化战争积极迈进。党的十八大以来，我军着眼建设与大国地位匹配的现代化国防，开展了一系列深层次的调整改革，在作战力量结构编成上，开始高度关注新型作战力量建设发展。党的十九大、二十大报告中分别强调指出："扎实做好各战略方向军事斗争准备，统筹推进传统安全领域和新型安全领域军事斗争准备，发展新型作战力量和保障力量。"[②] "打造强大战略威慑力量体系，增加新域新质作战力量比重，加快无人智能力量发展，统筹网络信息体系建设运用。"与此同时，习近平主席在全军重大会议等多个场合，反复强调新型作战力量建设，诸如"新型作战力量关乎国家战略安全和军队建设全局，必须紧紧抓住、加快发展""要加强新型作战力量建设，增加新质比重"[③] "要着眼形成现代战斗力生成模式，加强新型作战力量建设"[④]等重要论述，明确了新型作战力量重中之重的战略摆位。本书亦是新型作战力量体系建设的一个重要着力点，通过模式创新引领训练改革，有效提升新型作战力量作战能力生成的质量效益，助力我军驾驭未来战争、提升胜战能力的创新发展之路，为奋进一流事业添砖加瓦。

新型作战力量训练模式创新是我军新型作战力量发展的内在需求。近年

---

① 新华社. 高举中国特色社会主义伟大旗帜 为全面建设社会主义现代化国家而团结奋斗——在中国共产党第二十次全国代表大会上的报告[EB/OL]. http://www.gov.cn.2022-10-25.

② 新华社. 决胜全面建成小康社会 夺取新时代中国特色社会主义伟大胜利——在中国共产党第十九次全国代表大会上的报告[EB/OL]. http://www.gov.cn. 2017-10-27.

③ 习近平在中央军委军事工作会议上强调：在新的起点上做好军事斗争准备工作，坚决完成党和人民赋予的使命任务[N]. 解放军报，2019-01-05.

④ 习近平国防和军队建设重要论述选编（二）[M]. 北京：解放军出版社，2015.

来，我国国力、军力不断攀升，在各方资源的持续加持下，我军新型作战力量建设取得了重大突破。新型作战力量作为军队力量体系中具有战略意义的尖端力量，其作战能力的生成并不是随着新型作战装备的出现而自动生成的，而是通过严苛的军事训练促使人与武器的紧密结合后逐步生成的，所以"新质战斗力如何生成"的问题最终归结为"新型作战力量怎么训"的问题，因此，新型作战力量训练问题的研究是新型作战力量自身发展的必然要求。特别是我国正走在由大向强的伟大复兴征程，遵循"战争与和平"的辩证法，备战能战方能慑战止战，亟待形成与大国地位相匹配的国防实力以及与战略需求相适应的军事实力。新型作战力量代表作战力量的发展方向，是新生的改革力量，一支强大的军队只有超前谋划新型作战力量相关建设，精准把握新型作战力量战斗力生成规律，构建符合新型作战力量本质规律的训练模式，并在新的新型作战力量训练模式牵引下扎实开展新型作战力量训练，才能将新型作战力量的建设优势转化为训练优势进而促进新质战斗力的快速生成以形成非对称作战能力，以做好应对任何军事挑衅甚至战争风险的准备。

新型作战力量训练模式创新是我军军事训练转型升级的现实需求。 近年来，为适应现代化战争需求和应对多领域安全威胁的严峻挑战，世界主要军事强国纷纷调整军事训练重心，在军事训练战略布局上，将代表作战力量发展趋势的新型作战力量训练作为重中之重。新一轮军队调整改革后，我军军队建设站在了新的历史起点上，军事训练内外环境发生深刻变化，亟需适应强国强军时代要求，加强军事训练顶层设计，变革军事训练模式，引领和规范新时代军事训练创新发展。为适应战争形态的变革，我军军事训练格局进行了系统性的重构，立起了新型军事训练体系的四梁八柱，新型作战力量作为我军军事力量的发展方向，其训练必然成为我军军事训练创新的重要窗口。2020年中央军委开训动员令中明确指出："强化新领域新力量融入作战体系训练"[①]，2021年中央军委开训动员令中指出要"加强新装备新力量新领域训练"[②]，2022年中央军委开训动员令中指出要"大力推进科技练兵，全面推进军事训练转型升

[①] 新华社. 中央军委2020年开训动员令[EB/OL]. http://www.mod.gov.cn. 2020-1-2.
[②] 解放军报. 习近平签署中央军委2021年1号命令向全军发布开训动员令[N]. 解放军报，2021-1-5(01).

级"①，这些重要文件和指示的密集出台充分印证了新型作战力量训练对于我军新军事训练体系构建以及军事训练转型升级的重要性，为我军新型作战力量训练指明了根本方向、提供了科学遵循，也为本书的研究开展提供了政策依据。

第二节　新型作战力量训练模式的国际借鉴

新型作战力量是军队发展新的增长极，在国际军事竞争中具有重要的战略地位和作用，其训练作为战斗力的倍增器尤其受到世界主要军事强国的高度重视，纷纷积极地开展了相关理论研究和军事实践。"他山之石，可以攻玉"，研究借鉴现有研究成果，可以为本书研究开展奠定基础。以美国为代表的军事强国早在20世纪八九十年代开始投身新型作战力量建设，经过多年的探索实践，在新型作战力量训练上已形成了较为成熟丰富的理论体系，业已取得了较为卓越的实践成效，并仍在不断动态改进中。

一、注重顶层设计，统筹布局新型作战力量训练机构与制度

近年来，外军着眼新型作战力量训练的顶层统筹和长远布局，成立了一系列机构组织并积极制定相关政策及战略规划，下面以新型作战力量典型领域——太空作战力量为例。太空是国家战略安全的新边疆，美军经过几十年不懈努力与完善，已形成成熟的太空作战力量训练体系。20世纪八九十年代，美军就设立了3301空间培训中队、381训练大队、高级太空作战学院等训练机构，启动了太空作战训练②，并逐步形成了"总统-国防部-军种部-军种太空司令部-各级太空部队"③的组织架构来实施太空力量建设和训练。随着太空战略地位的不断升级，美国天军体制也进行了重大调整与改革。2019年8月，美国国防部正式成立太空司令部，其下设太空训练与战备司令部专门负责太空训练相关事

---

① 新华社. 习近平签署中央军委2022年1号命令向全军发布开训动员令[EB/OL]. http://www.gov.cn.2022-1-4.
② 空军工程大学防空反导学院. 太空作战训练发展研究[R]. 2018.
③ 严冬冬，侯迎春，姜伟. 美军太空力量作战训练研究[J]. 装备学院学报，2017(1)：61-67.

务，同年 12 月，美国正式宣布成立天军，这标志着美国太空作战力量建设进入新时代。在此期间，美军亦形成了较为完整的太空作战训练法规及理论体系：法规方面，颁布了《美国国家安全太空战略》《国家太空政策》等一系列国家法规以及《国防部空间政策》《太空防卫战略》[①]等一系列军队法规；同时，颁布了《建设太空任务部队，训练明天的太空战士》白皮书以及《2020 联合构想》《航空航天部队：21 世纪保卫美国》[②]等作战构想、《美国空间司令部远期规划》《国家安全空间主计划》等作战规划。2020 年 11 月，太空作战司令部发布了《太空作战司令部规划指南》，重点阐述了指导天军如何训练等方面的规划[③]。2021 年 8 月 23 日，太空训练与战备司令部正式成立，主要负责部队训练、试验鉴定、职业教育等任务[④]，2023 年 8 月发布了 SPD2-0《情报》与 SDP3-0《作战》2 份太空条令出版物。除美国外，俄罗斯是世界上第一个独立编有"天军"的国家，空天军主要担负航天发射、卫星测控、卫星攻击和导弹防御等作战训练任务，并保障联邦其他权力机构的航天信息需求。同样，近年来日本大力加强太空军事能力建设，通过新版《防卫计划大纲》将太空定位为优先发展的关键军事领域，并通过《太空基本计划》明确了日本太空军事力量优先建设的项目[⑤]，2020 年 4 月，日本国会批准建立第一支太空作战中队[⑥]，从而加速太空作战部队的相关训练和能力生成，尽快弥补在该领域的短板等[⑦]。此外，英国（2021 年）[⑧]、法国（2019 年）[⑨]等国家也相继成立了太空司令部，专门负责太空作战、训练、战备等事务。

[①] 龙坤，朱启超，陈曦，等. 特朗普政府太空防卫战略调整的动因、特点与影响[J]. 国防科技，2021(4)：76-85.

[②] 陈杰生. 太空军事运用战略构想[M]. 北京：国防工业出版社，2021.

[③] 羌丽，陈娇，王燕. 美国推进天军太空能力建设[J]. 国际太空，2021(4)：46-49.

[④] 艾赛江，赵军，赵继伟. 美天军 2021 年建设发展动态及趋势[J]. 军事文摘，2022(4)：49-53.

[⑤] 梁宝卫，周晓峰，袁杨. 警惕日本太空军事化"小步快跑"[N]. 解放军报，2020-1-16(011).

[⑥] Todd Harrison, Kaitlyn Johnson, Thomas G. Roberts. Space Threat Assessment 2020[R]. Center for Strategic and International Studies(CSIS), 2020-03-30.

[⑦] 雍鑫，朱春雨. 日本太空军事力量发展现状及趋势分析[J]. 飞航导弹，2021(3)：76-80.

[⑧] 陈晶晶，侯勤. 英国国防太空能力建设取得新进展[N]. 国防科技要闻，2022-5-26.

[⑨] 方勇. 2019 年世界航天发展重要进展[J]. 卫星应用，2021(1)：14-18.

二、注重理念创新，前沿拓展新型作战力量训练概念与维度

随着世界军事变革不断向纵深发展，世界主要军事强国为维护自身安全和发展利益，都把利用新型作战力量训练形成"改变游戏规则"的优势作为抢占未来军事竞争制高点的核心，积极拓展新型作战力量训练概念与维度。**在训练维度拓展上：** 技术进步推动作战领域不断扩展，外军新型作战力量训练已经从有形的物理空间走向无形的电磁、网络等空间，从传统的陆海空拓展到太空、深海与极地。例如：**极地方面**，俄罗斯完成了北极"三叶草"军事基地的建设工作，为"道尔-M2DT"防空导弹系统、"萨尔玛"超远程无人潜航器、"暴风雪"快速雪地汽车等极地新型作战力量的试验训练奠定了基础。2019年6月，美国发布新版《北极战略》报告，对未来在该地区军事建设与活动进行规划和部署[1]，并相继组织"北极远征能力""冰原-2020"等演习。**深海方面**，2022年5月，美国海军海上系统司令部宣布"虎鲸"超大型无人潜航器系统原型下水，虽然尚未公布如何部署和运作，但意指经过相关训练以占领未来水下作战的制高点。**在训练概念的拓展上：** 美军历来注重训练概念的设计和创新，强调以新战法、新训法推动训练效益的跃升。在庞大的研究机构和职能部门的支撑下，美军先后提出"全球公域进入与机动联合""灰色地带作战"等战略性概念，"多域战""分布式海上作战概念"等战役性概念，以及若干有关无人作战、智能作战、电磁频谱作战的战术级支撑概念[2]（如美国提出的"蜂群""母舰""复眼"等战术体系[3]），都很好地指导了相应层级的新型作战力量训练。

三、注重人才培养，着力夯实新型作战力量训练根基和本源

人才作为新型作战力量的第一资源和根本保障，是新型作战力量训练的根本性和决定性要素。外军高度重视新型作战力量人才培养，形成了相应的做法：**一是注重军队院校人才培养主渠道作用。** 例如：在太空人才培养上，为面向全

---

[1] 王鹏. 极地"寒战"[N]. 中国青年报, 2020-11-05(07).
[2] 伍其荣. 近年来美军作战概念发展及特点[J]. 外国海军, 2020(1): 17-22.
[3] 王瑞. 陆军无人作战力量运用研究[C]. 2021年无人系统高峰论坛（USS2021）论文集: 150-153.

军满足太空职业培训需要，美军主要依托空军大学所属空军职业学院、空军理工学院、指挥与参谋学院、战争学院为全军提供太空职业教育培训。俄罗斯主要依托莫扎伊斯基军事航天学院、朱可夫空天防御军事学院、茹科夫斯基和加加林空军学院等空天军院校进行太空作战人才培养。**二是注重利用国家优质教育资源**。例如：在太空人才培养上，依托地方高校培养机构——空间教育联盟（SEC），为太空军官主要是作战军官提供太空相关专业的学历教育机会。俄罗斯为加大太空作战人才培养力度，构建了为航天机构输送人才的"俄罗斯航空航天高校联盟"，成员包括地方的莫斯科航空学院、萨马拉国立航空航天大学、莫斯科物理技术学院以及国立莫斯科鲍曼技术大学等。**三是注重专业能力提升塑造**。美军作为较早实现职业化的军队，高度重视包括新型作战力量人才在内的人才专业化水平塑造，倡导对人才"有计划、成体系、专业化的教育、训练和使用"，比如在电子战领域，要求"所有层级的电子战人员均须接受分门别类的专业训练，以提升其实战能力和作战技巧"[1]；在太空作战领域，专门建有贝克利等基地为其提供各类专业训练或培训等，通过多种途径促使新型作战力量人才培养不断走向专业化、精细化。

四、注重多方协同，体系提升新型作战力量训练质量与效益

外军高度重视通过多方协同来推进新型作战力量训练开展。以美军为例，美军未来司令部启动了"陆军研究实验室开放校园计划2.0""'陆军能力加速器'计划""陆军战略资本投资计划""Halo 计划"[2]等一系列计划促进军方与院校以及小企业[3]等的协同，其中也包括一些训练的协同。在**太空领域**：美国于2017年3月签署《美国国家航空航天局过渡授权法案》，鼓励私营公司与国防部以及美国航空航天局（NASA）合作，当前，SpaceX、蓝色起源、波音公司等已经成为美国航天事业的重要组成部分。同年成立的美国国家太空委员会"联合太空

---

[1] 刘丽，汪涛，韩国强. 美国陆军电子战能力发展建设近况综述[J]. 飞航导弹，2018(4)：56-62.

[2] 朱启超，秦中南，文力浩，等. 美军未来司令部探析——成立背景、主要职能与未来前景[J]. 国防科技，2020(6)：51-61.

[3] Army Futures Command [R/OL]. 2020-06-16. https://armyfuturescommand.com.

作战中心"增设了商业代表席位①，有效地实现了军地之间的战略捆绑②。2024年1月美国国防部发布首份《国防工业战略报告》，明确将一体化震慑和发展理念融入国防工业产业，强调针对太空等新兴作战领域，必须集合军、民、商全产业链理论，协同推进整体军备能力建设。此外，近几次美军重大的太空战演习也设有商业部门席位，例如，"施里弗"-2018演习内容之一就是军方与商业机构一起就如何利用国际、民用、商业等多种手段构建的伙伴关系遂行一体化太空与网络作战③。并且，美军通过几次局部战争积累了利用军用、民用、商用卫星支援陆海空军事行动的作战经验。**网络领域：**美国主张国家武装力量实行现役与后备相结合的基本制度，在美军后备组织中占有一席之地的国民警卫队网络作战力量不仅是网络技术人才聚集地，很多人才任职于微软、思科等高新互联网公司，也是网络战士的后留地，招募受过专业高技能训练的退役网络战人员④。其作为网络作战新型作战力量的重要组成部分，定期组织在网络靶场开展专业训练，参与各类演习进行实战演练，不断提高技能水平以应对日益严重的网络威胁。

五、注重技术注入，聚力升级新型作战力量训练方法与手段

随着世界军事变革不断向纵深发展，世界主要军事强国为维护自身安全和发展利益，更加重视运用科学技术的力量来抢占未来发展的制高点，都把利用前沿技术形成"改变游戏规则"的优势作为军事领域竞争的核心，高度重视军事领域的科技运用，尤其体现在训练方法和手段升级上。**一是探索新型训练方法。**在无人作战领域，美军开创了"生理·心理·物理"三位一体的训练方法，有效提升了无人作战的训练效率⑤。在空中作战领域，采用集成了虚拟现实、增强现实、人工智能等先进技术以及先进生理传感器的"PTN"项目作为未来飞

---

① 候勤. 美国航天领域军民融合发展新态势[N]. 中国航天报，2017-11-22(8).
② 郭一伦. 日本太空军事化值得警惕[N]. 解放军报，2020-05-14(13).
③ 罗剑，于小红，苏宪程. 从跨域联合视角看美军太空作战体系改革[J]. 飞航导弹，2020(8)：7-10.
④ 吴振齐. 美国国民警卫队网络作战力量建设及对我国的启示[J]. 中国军转民，2020(5)：54-57.
⑤ 张煌，傅中力，林聪榕. "生理·心理·物理"三位一体——美军无人作战装备训练模式解析[J]. 装备学院学报，2015(6)：6-10.

行员训练体系的重要组成部分[①]。在网络作战领域,美军探索了远程分布式训练,通过军事类网络游戏训练等方式,减少了训练场地等条件制约[②]。在太空作战领域,利用融合式仿真训练环境,展开不同层次的多种对抗行动,使受训者得到近似实战的锻炼。**二是采用新型训练技术**。在模拟训练上,创新了"实时-虚拟-有效"的LVC技术,不仅可以实现真实世界和虚拟世界的有效集成,还能够有效支撑网络攻防、电磁频谱以及其他新型作战领域的对抗演训,是美军的重点发展方向[③]。此外,在新型作战力量训练管理上,在训练前端,运用区块链技术实现训练资源自动匹配;在训练过程中,运用区块链技术助力数据管控;在训练末端,运用区块链技术精准评估训练质量[④]。**三是构建新型蓝军部队**。早在19世纪70年代,美军就决定在所有军事基地施行蓝军对抗训练演习制度[⑤]。随着科技的进步,蓝军部队也处于不断升级优化中,并拓展至新型作战力量领域,如网络方面,美国陆军网络战司令部已组建网络蓝军部队,对受训部队网络作战各方面能力进行锤炼[⑥]。在电磁方面,美国陆海空都建立了假想敌力量,如陆军的"黑马""武士";空军的"入侵者"中队;海军的"敌手"中队;海军陆战队的"狙击手"等[⑦]。此外,俄罗斯也建立了专业化假想敌部队"第32近卫团"[⑧]等。

六、注重场景构设,布局打造新型作战力量训练条件与环境

新型作战力量训练依赖于先进的训练条件与训练手段构设,以美军为代表的外军进行了如下探索:**一是建立新型试训基地**。美军除了已被人们熟知的

[①] 徐超,杨帆,何梦临. 从美军"PTN"项目看前沿技术在飞行员训练体系中的应用前景[J]. 教练机,2021(3):19-22.
[②] 时耀华,郑旭东,等. 联合作战背景下美军网络训练内容体系[J]. 军事文摘,2017(9):34-36.
[③] 刘怡静,李华莹,刘然,等. LVC空战演训系统发展研究[J]. 飞航导弹,2020(12):55-61.
[④] 张广胜,陈廷. 区块链军事应用探析[J]. 中国军事科学,2021(1):132-138.
[⑤] 李延旭,郭惠志. 美国欧文堡国家训练中心组训方式探析[C]. 外军职业军事教育与训练研讨会,2011.
[⑥] 吴刚,李媛媛. 美军网络空间作战体系建设[J]. 军队政工理论研究,2016(4):123-126.
[⑦] 周波,乔会东,戴幻尧,等. 美国电磁蓝军建设情况分析[J]. 航天电子对抗,2018(4):62-64.
[⑧] 李鸿鹏,张振全,王广利. 外军蓝军部队实战化训练的主要做法及启示[J]. 海军学术研究,2020(12):83-85.

NTC（国家训练中心）等大型训练中心外，为迎合新型作战力量训练以及训练领域的拓展建设了一系列试训基地，如 Arden Hills Army、Bethany Beach、BG Thomas Baker、Black Rapids、Bog Brook/ Riley Deepwoods、Buckeye、Camel Tracks、Camp Fogarty、Catoosa Volunteer、Deepwoods、Greenlief、Macon、Milan Volunteer 等训练基地，支持北极训练行动的阿拉斯加北部战争训练中心以及 Bangor、Biak、De Bremond、Disney、Floyd Edsal、Fort Custer、Joliet Training Center、McCrady 等训练中心，Fort Greely/ Donnelly、Kahuku、Kawailoa、MTA Lauderick Creek、Gulkana Glacier 等训练区域[1]，以及针对网络战作战能力提升的"国家网络靶场"等。**二是构建模拟训练环境**。美军高度重视基于模拟的训练（simulation-based training，SBT），研发了多个高性能 SBT 系统以构建模拟训练环境，并在此基础上致力于合成训练环境（synthetic training environment，STE）探索，以支持 LVC 和一般模拟、传统和下一代系统的融合训练[2]。在新型作战力量训练上，美军通过联合战区级模拟系统（JTLS）、联合仿真系统（JSIMS）等模拟训练系统开展新型作战力量融入体系训练。在网络空间作战模拟训练环境构建上，美国整合了军地相关网络模拟仿真资源，构建了"网络空间作战研究和分析模拟环境"，有效提升了网络空间作战训练水平。**三是开展实战训练检验**。美军强调通过新型作战力量的实战运用以检验训练成效，并形成正向反馈将作战中暴露的问题传递至日常训练中进行针对性改进，使美军作战与训练活动形成闭环[3]。例如，美国陆军部长表示，近期开展的俄乌冲突对于美军具有"启发性的作用"，已将俄乌战事中的经验和教训运用到欧文堡国家训练中心、美国军事学校等训练中，并在 2022 年 6 月发布的《多域战作战条令》中，补充了乌克兰战场上所习得的相关内容[4]。此外，美军强调将信息优势转为决策优势和作战行动优势，通过海湾战争、科索沃战争、伊拉克战争等不断改进完善，并用以指导部队训练和战争实践[5]。

---

[1] Report to Congress 2017 sustainable Ranges[R]. 2017.
[2] RAND Corporation（兰德公司）. Supporting Joint Warfighter Readiness[R]. 2021.
[3] 赵博. 美军重视"行动后回顾"鉴定活动[N]. 中国社会科学网，2019-03-07.
[4] 美国陆军借俄乌冲突寻找"对等对手"训练陆军军官[N]. 邦略深报，2022-07-27.
[5] 禹大勇. 具有智能化特点的信息化战争探研[J]. 国防大学学报，2021(5): 28-32.

七、注重对接实战，常态开展新型作战力量训练演习与演练

西方军事强国高度重视新型作战力量演习演训，将其作为新质作战能力生成的重要抓手。以美国为例，美军从本世纪初就开始定期组织新型作战力量演训，已形成了具有一定代表性的演习品牌效应。比如**在网络作战力量领域**，始于 2006 年的"网络风暴"演习、始于 2011 年的"网络旗帜"演习、始于 2012 年的"网络卫士"演习等，针对不同网络作战主题每一两年组织一次，一直延续开展至今。此外，自 2011 年起，美国陆军逐步开展网络集成鉴定（NIE）演习，其目的是从系统集成角度评估装备性能，即独立系统的互联互通互操作能力。2016 年，美国相继开展赛博闪电战演习和赛博探索演习，在逼真的训练场景下测试新型作战概念及行动。2020 年 4 月，北约网络合作防御卓越中心在爱沙尼亚举行"锁盾"-2019 网络安全演习，提升信息系统和关键基础设施网络防御能力。**在太空作战力量领域**，典型的有：一是始于 2001 年的"施里弗"太空演习。"施里弗"太空演习是美国空军航天司令部针对未来空间安全和太空战进行的高层次战略演习[①]。从系列"施里弗"演习可以看出，美军太空力量运用正由战略层面向战术层面拓展[②]，更加注重通过体系化、分散化等措施增强空间系统抗毁和防护能力，同时也更加重视利用盟友和商业航天系统，凸显了其分布式军事空间体系的形成。二是始于 2014 年的"空间态势感知"桌面演习（2017 年更名为"全球哨兵"演习）。该演习由美国及其盟国（英国、加拿大、日本等）共同参演，是在空间领域开展多层级一体化指控的重要途径。三是**"太空旗"演习**。"太空旗"演习是美军在对抗加剧、效果降低和军事行动受限（CDO）的环境下，为保证太空军事行动可靠、有效而开展的综合任务规划系列演习。

与外军多年积淀形成的体系化理论和实践成果相比，我军新型作战力量建设起步较晚，新型作战力量训练更是相对滞后，目前存在以下几个方面的

---

① 陆晓飞, 孟红波, 梅发国. 从美军"施里弗"系列演习看太空作战趋势[J]. 中国电子科学研究院学报, 2020(2)：110-115.

② 李一辰, 梅娜, 杨晓华. 美国太空军——即将成立的新型作战军种[J]. 生命与灾害, 2019(4)：27-31.

突出问题。

（1）缺少系统的新型作战力量训练理论指导。目前，我军新型作战力量训练研究基本都是"就问题研究问题"，侧重于某个点上的现实问题，尚未连点成面形成体系化的理论研究成果。在新型作战力量训练的基础理论研究，比如新型作战力量训练的内涵、外延、特征、演变规律等，以及新型作战力量训练的应用理论研究，比如新型作战力量训练的组织、实施、运行、评估如何开展等，都有继续深挖的研究空间。

（2）缺少顶层的新型作战力量训练结构设计。现有成果中对其训练的研究基本仍囿于某一单个训练主体的领域，比如较多的部队训练问题及对策、院校人才培养及对策研究，而面对新型作战力量的高技术、强体系、军地交融等鲜明特质，传统的院校、部队"各训各的"训练模式尚难以统筹"训""学""研"多方训练资源。针对新型作战力量训练面临的训练内容、组训团队、训练条件、训练方法从无到有的特殊情况，现行训练模式尚未形成促进新型作战力量院校教学能力和部队组训能力快速生成的机制，难以保障训练内容、训练条件的快速构建，不能最大限度地发挥有限训练资源的效益，导致新型作战力量战斗力生成周期过长，无法满足新型作战力量快速生成的军事斗争准备现实需求。现有研究中，已有新型作战力量部队官兵在相关纪实中反映过该实际问题，但尚未得到解决，亟需从顶层设计上重构现有单极训练结构，形成适应新型作战力量特质的多元主体训练格局，有效解决训学研三方训练对接问题。

（3）缺少整体的新型作战力量训练流程设计。现有研究中，涉及新型作战力量训练实践的研究大多集中在针对某一具体训练问题的训练方法及其创新上，鲜有对新型作战力量全生命周期中训练环节和流程的整体研究。一方面，新型作战力量不同的发展阶段对应不同的作战能力生成需求，从被赋予任务—装备研制—接改装培训—部队训练形成初始战斗力—新质战斗力的维持和提升的全生命周期中，根据不同能力生成需求需要建立不同的训练流程；另一方面，新型作战力量具有快速更新迭代特性，现有的装备研发—装备验证—装备定型—装备配发再到装备训练的线性老路难以满足新型作战力量训练需求，边研发、边训练、边改进的非线性螺旋上升的道路要求在训练流程上具备即时反馈等功能以形成质量改进闭环。基于以上考虑，亟需重新构建适应新型作战力量特点的训练流程以支撑新型作战力量的快速生成。

针对上述问题，迫切需要着眼整合"训""学""研"三方训练资源，开展新型作战力量训练模式构建研究，通过训练结构和训练流程的科学规划，实现训练资源的优化配置，有效支撑新型作战力量作战能力生成。

第三节　新型作战力量训学研一体训练模式的提出

新型作战力量作为具有引领性的作战力量，是世界各国争相布局的全新战略增长点，是建设世界一流军队的强力引擎。

由于新型作战力量技术、装备、战法等要素大多具有原创性，其在战斗力生成过程中的训练内容、训练方法、训练手段、训练指导等都面临一个从无到有的构建过程，难以沿用传统力量训练的既有模式。

针对新型作战力量训练的内容、方法、手段从无到有地构建瓶颈以及从有到强的发展瓶颈，结合新型作战力量训练资源蕴藏于试验训练基地、军队专业院校和装备研制单位的现实，探索将新型作战力量训练拓展到装备研发、试验阶段和部队战备训练全过程，构建试训基地/部队、院校和装备研制单位三主体协作，作战试验/战备训练、人才培养和装备研发三条线融合，人才需求、供给和支持三条链贯通的多维训练体系，探索"训""学""研"一方主导、另两方支持的新型作战力量"从无到有"阶段的"见学跟训"装备基础预训、"体系能力集成"专业培训和"试训一体"体系化实战化演训，以及"从有到强"阶段的院校教育、部队训练、军事职业教育新型作战力量训练方式，建立健全多方合力治训运行机制，形成三方密切协作、过程紧密衔接的新型作战力量训学研一体训练模式。

第二章　新型作战力量训学研一体训练模式的理论基础

本书的研究对象是"新型作战力量训练模式",在进行模式的创新与构建前,必须弄清"新型作战力量训练模式"是什么、"新型作战力量训练模式"与什么相关、"新型作战力量训练模式"应具备什么特点等基本问题,从而为后期研究打牢理论基础。而上述问题又要从"新型作战力量"这个逻辑原点出发,挖掘出其最本质的特征规律才能形成高度抽象概括的训练通用模式。基于此,得出了本章的研究框架。

第一节　新型作战力量的多维解读

一、新型作战力量的定义

在 2011 版军语词典中,已经给出了"作战力量"及"新型作战力量"的定义:作战力量是"用于遂行作战任务的各种组织、人员及武器等的统称"。新型作战力量是"以新需求为牵引,以新技术为支撑,以新能力为标志的作战力量"。[1]从这两个词条的权威释义可以看出,作战力量是新型作战力量的上位概念,新型作战力量的目的同样是"遂行作战任务",要素是"各种组织、人员及武器",但其具有"以新需求为牵引,以新技术为支撑,以新能力为标志"的特征。鉴于词条中"新型作战力量"不是典型的"内涵+外延"的概念界定方法,近年来,随着新型作战力量战略地位的凸显,学术界对"新型作战力量"及其

---

[1] 全军军事术语管理委员会,军事科学院. 中国人民解放军军语[M]. 北京:军事科学出版社,2011.

定义也做了相关探讨，具体如下。

一是关于新型作战力量的内涵，包括其定义、属性、本质等。例如，认为新型作战力量是"适应新的战争形态和作战样式，以满足新的军事需求、发展新的军事能力为目标，以新技术、新装备为重要支撑的新军事力量[①]""适应未来作战发展需要，以新型技术装备为基础，以网络化信息系统为平台，在新的领域和范围遂行作战任务的军事力量[②]""一个国家为占领未来战争制高点，依托国家综合国力，依靠科技进步而组建的具有新质战斗力的诸军兵种部队[③]""以科学技术的发展为牵引，以维护国家主权领土安全为任务，以能够适应现代高技术、复杂环境下的作战要求为目标的作战力量[④]""具有高技术含量、特殊作战机理、独特作战效能、崭新作战方式的作战力量[⑤]"。

二是关于新型作战力量的外延，包括其功能、范围、特点等。例如，认为新型作战力量是"国家战略前瞻力量[⑥]""提升我军整体作战能力、引领军队建设发展的重要力量[⑦]""具有了新机理和非对称优势的颠覆性作战力量，决定着未来作战的胜负[⑧]""源于新型战略安全，是当今时代军事发展的风向标[⑨]""'新质'体现在新的技术支撑以及产生新的性质，颠覆原有战争形态，从而实现非对称竞争优势[⑩]""从本质上讲，'能否满足新的作战需求'和'能否形成非对称优势'才是衡量新型作战力量的核心指标[⑪]"。

基于现有研究和相关成果参阅，可以发现，新的战略安全是新型作战力量

[①] 徐小平，吴集，冯海涛. 美国新型作战力量发展及启示思考[J]. 国防科技，2012(5)：72-75.

[②] 张博龙，刘晶晶. 利比亚战争对我军新型作战力量人才建设的启示考[J]. 军队政工理论研究，2012(2)：77-80.

[③] 余玲. 世界主要国家新型作战力量建设探析[J]. 南京政治学院学报，2012(3)：79-81.

[④] 赵凯，高鲁. 新型作战力量的概念与特点探析[J]. 价值工程，2018：78-80.

[⑤] 徐金华. 新型作战力量：撬动陆军转型的杠杆[J]. 教研参考消息，2018(1)：1-3.

[⑥] 祁亚虎. 聚焦新时代使命任务锻造过硬新型作战力量[J]. 国防，2019(4)：9-11.

[⑦] 程达刚. 对新型作战力量人才建设的战略思考[J]. 军队政工理论研究，2013(3)：69-71.

[⑧] 智韬. 新型作战力量加速推动联合作战形态演变[J]. 指挥学报，2018(10)：52-53.

[⑨] 徐德立. 让新型作战力量人才驱动战斗力跃升[N]. 解放军报，2022-2-21.

[⑩] 杨镜宇，胡晓峰. 基于体系仿真试验床的新质作战能力评估[J]. 军事运筹与系统工程，2015(3)：5-9.

[⑪] 陈晔，李真龙. 空海一体战理论对我军海上新型作战力量运用的影响及对策[J]. 海军工程大学学报（综合版），2020(4)：25-28.

的重要动因，高技术属性是新型作战力量的重要特征，产生异于传统力量的作战优势是新型作战力量的重要标志。因此，本书将新型作战力量定义为"在战争和科技双驱动下，用于遂行作战任务，以形成异于传统力量的作战优势为标志的各种组织、人员及装备等的统称"。

在这个概念中，体现了"变与不变"的辩证法。所谓"不变"，是指新型作战力量的功能和要素是具有稳定性的。无论新型作战力量的外延如何随着时代的发展而不断演化，其"功能"始终是用于遂行作战任务，"要素"始终是各种组织、人员及武器装备。所谓"变"，是指新型作战力量的概念是具有发展性的、是处在动态变化之中的，具体表现在以下几个方面。

（1）"新型"之变。新型作战力量的"新型"二字决定了其与原有的作战力量是有实质性改变的，例如孕育了新的战争形态、产生了新的制胜机理、孵化了新的作战领域等，是"异于传统力量的"，是在新技术底座的支撑下，以满足新的军事需求为目标，以发展新的军事能力为标志的作战力量，其可以是作战空间拓展、作战样式创新、前沿科技应用产生的断代式作战能力跃升，如深海、极地、马赛克战、蜂群战术、量子罗盘、智能无人等；亦可以是传统作战力量赋能升级和作战体系补短补缺的渐进式作战能力提升，如给传统武器装上智能模块使其接入网络信息体系，实现网络赋能升级下的作战效能倍增等，是一个具有时代性，并且外延不断发展演变的概念。

（2）"驱动"之变。由于新型作战力量的高技术属性，新型作战力量的发展不再单单局限于作战需求的牵引，即"打什么仗用什么武器"的发展模式，科学技术水平的跃迁及其在军事领域的运用都会对新型作战力量产生深远影响，科技对作战的前置作用形成了"用什么武器打什么仗"的发展模式，即在科技驱动下，具有非对称作战优势的武器装备先横空问世，然后围绕该武器装备再出现匹配的战法、训法以及体制编成，这也是美军越来越多"发源于实验室的战争"战争设计的重要组成部分。当然对于作战力量而言，遂行作战任务是其根本，因此作战牵引也是极为关键的，基于以上考虑，我们将新型作战力量定位为"战争+科技"双驱动。

（3）"武器"之变。此处是指在进行"新型作战力量"定义时，将原有"作战力量"概念中"武器"换为了"装备",主要出于以下考虑:根据2011版《中国人民解放军军语》(简称《军语》),武器的定义是"能直接用于杀伤敌有生力量,毁坏敌装备、设施等的器械与装置的统称",装备的定义是"用于作战和保障作战及其他军事行动的武器、武器系统、电子信息系统和技术设备、器材等的统称"。随着现代战争的不断进化,新型作战力量的作战目的从歼灭敌人有生力量逐步转向控制敌方以达到军事目的,呈现"慈化"趋势,并且应用范围不单单是作战,也用于保障作战及其他军事行动,因此与"装备"的内涵更加贴切。另外,武器的落脚点在"器械与装置",从我军现有新型作战力量来看,军事航天部队和网络空间部队的很多新型作战力量都是系统平台或是呈现出的一种技术形态,因此使用"装备"更加合适。

二、新型作战力量的定位

"新型作战力量"由于"新"字而具有时代性和相对性两个属性,时代性是将其放在历史的纵贯线上进行考察,而相对性是将其放在时代的横贯线上进行考察,本书要对新型作战力量训练开展研究,就要先将新型作战力量放在历史轴和时代轴上标定位置,对研究内容进行范围界定。

(1)在历史的纵贯线上:克劳塞维茨认为,战争就如同一条变色龙,每个时代都具有自己的特色[①]。同样,作为战争重要组成部分的新型作战力量也具有相对性、时代性和发展性,是一个随时间推移不断调整外延内容的开放概念。这是由于每一个时代都有由每一个时代社会生产力水平决定的科学技术水平,而科学技术往往被优先运用于军事领域以产生具有竞争优势的代差,因此科学技术水平造就的科技形态从一定程度上决定了这个时代的战争形态,而新型作战力量与高新技术高度铰链,成为科学技术在军事领域运用的典型代表。例如,农业时代,刀枪剑戟等冷兵器的出现,提高了杀伤力,使用它们的群体成为农业时代典型的新型作战力量;工业革命时代,枪炮等热兵器以及飞机、坦克、军舰等机械化平台的出现,必然地改变了农业时期凭体力近身肉搏的作战方式,实现了毁伤能力和机动能力的飞跃并将作战空间从平面二维拓展到空间三维,

---

① 克劳塞维茨. 战争论[M]. 北京:解放军出版社,2005.

引起了制胜机理的变化,成为工业革命时代的新型作战力量;信息时代,新型作战力量已经从有形的物理空间走向了无形的网络空间、电磁空间,这些无形的空间将原本分散的部队、作战单位进行了联结,实现了战斗能力的倍增。因此,对新型作战力量的研究需要放到特定的时代背景下进行考量。

(2)**在时代的横贯线上**:由于同一时代的不同国家国力不同,造成了其军力的差异化,而军力的差异直接导致武器装备的代差,因此新型作战力量在同一时代的不同国家其范围也不尽相同。在军事现代化的进程上,外军中,美国是最早提出进行信息化军事变革的国家,并在20世纪90年代开展的四场局部战争中展示了其信息化转型的阶段性成果,目前仍保持其头部位置,并正向智能化变革迈进。此外,俄罗斯等国家也是完成了机械化征程正在向信息化转型发展。我军在2020年11月国防部例行记者会上透露,"通过长期努力,我军已基本实现机械化,信息化建设也已取得重大进展"[1]。同时,党的十九届五中全会明确提出加快机械化信息化智能化融合发展的时代要求和战略举措[2]。综上所述,由于各个国家军事现代化进程不同,因此对新型作战力量的研究需要放到特定的国家背景下进行考量。

在历史和时代的横纵坐标上完成了对新型作战力量的定位后,可以明确,本书所指新型作战力量及后续训练模式是站在当前时间节点上,针对当下我军的新型作战力量而开展的研究。

三、新型作战力量的规律

所谓新型作战力量的规律是指由于新型作战力量主体的活动所产生的不以主体的目的、意识为转移的客观结果,是新型作战力量本质的外化显现。从前面学术界对新型作战力量概念界定的综述以及新型作战力量的建设实际中,我们可以发现新型作战力量具有异于传统力量的鲜明特质,只有把握新型作战力量规律并加以主动运用,才能充分发挥新型作战力量的功效和潜力。

---

[1] 郭媛丹. 国防部首次证实:解放军已经基本实现机械化,阶段性战略目标达成[N]. 人民资讯, 2020-11-27.

[2] 邓一菲, 常征, 等. 加快机械化信息化智能化融合发展[N]. 解放军报, 2020-11-25.

（一）需求引领律

马克思、恩格斯指出："一切划时代的体系的真正内容都是由于产生这些体系的那个时期的需要而形成起来的"[①]。新型作战力量作为"军事技术和作战方式的发展趋势"[②]，是"划时代"力量体系的典型代表，亦符合需求引领规律，是在军事需求的引领下产生的。而军事需求是为实现一定时期内的战略目标而对军事能力所提出的综合要求[③]，其对上承接战略目标、对下铰链建设需求，因此新型作战力量的生成是遵循"战略目标—军事需求—新型作战力量建设需求"逻辑链路的渐进过程，这也可以从各个时期新型作战力量的产生中找到规律。

比如，以人体平台为中心的农业时代，为了稳固内部统治、抵御外部侵略，建立了用于作战的专门力量即军队，我们将此时作为考察新型作战力量演进时间轴的原点。这些军队为了获取对人口和土地资源争夺的优势，开始逐步使用木石兵器、青铜兵器以及铁制兵器，拥有并使用这些冷兵器的武装力量便成为了当时的新型作战力量；随后，以消灭有生力量为直接目的的作战和对毁伤力的极致追求促使了火绳枪、火炮等热兵器出现，并逐步取代冷兵器成为新一代新型作战力量。以蒸汽机发明为标志的工业时代，社会生产力得到了大幅的提升，西方强国为了拓展自己的资源和利益版图，不惜开展殖民扩张，几次世界规模的战争驱动下，新型作战力量出现了再次的代际跃迁。第一次世界大战期间，战场上难以逾越的障碍和威力空前的火力驱使英军打造出集机动、火力和防护于一体的坦克，同时，作战空间拓展和机动性飞跃的需求，让军事强国把目光投向了天空和海洋，战机、潜艇等新型作战力量的出现和运用亦标志着人类迈入了以机械平台为中心的机械化战争时代。物质、信息、能量是当今人类社会生存发展的三大基本要素[④]，当物质和能量已经被利用到极致时，极力塑造单极霸权的美国敏锐地将目光投向了信息要素，网络战、电子战等新型作战力量使得作战空间从物理的有形空间走向技术的无形空间，以20世纪90年代的

---

① 马克思，恩格斯. 德意志意识形态[M]. 北京：人民出版社，1932.
② 袁华智. 加紧推进新型作战力量建设[N]. 人民日报，2018-2-4.
③ 王豪，周建平，陈军生. 科学把握"需求牵引"[N]. 解放军报，2021-11-18.
④ 胡晓峰. 战争科学论[M]. 北京：科学出版社，2021.

海湾战争为序幕，标志着以信息平台为中心的信息化战争时代正式到来。下一个窗口期是我们正在经历的时代，国际形势不稳定性不确定性增加、大国战略博弈明显升温、全球战略稳定遭到严重冲击的整体环境下，国际格局面临重塑。而近年来频发的如纳卡冲突、俄乌冲突等地区冲突中，无人作战力量的运用正在重新定义现代战争，初显智能化战争端倪，军事需求最终会引领我们走向何方，需要拭目以待。

（二）技术推动律

习近平主席指出："自古以来，科学技术就是一种不可逆转、不可抗拒的力量推动着人类社会向前发展"[1]。军事技术的进步，一直是推动作战力量创新发展的关键因素。新型作战力量是先进技术在军事领域应用的最典型表现形式，新型作战力量中一部分是先进技术物化成了装备和平台，如无人战车、无人作战平台等，一部分是先进技术对传统装备进行了升级赋能，如通过网络、云端等将现有孤立装备进行连接，通过新的组织形态产生新质战力，一部分是先进技术的直接运用，如生物技术、量子技术等。与此同时，随着高超声速、定向能、脑科学、自主无人等一系列技术的兴起和发展，与之相关联的新型作战力量正孕育成型并走上战争舞台，逐步改变着军事力量结构和战争形态。从以上可以看出，新型作战力量是技术直接或间接衍生的，是技术发展与军事需求的联姻。因此，寻找技术与军事的契合点，形成具有非对称优势的新型作战力量成为大国博弈的重要战略窗口。习近平主席指出，要"准确把握国家安全和军事斗争形势变化，紧盯科技之变、战争之变、对手之变"[2]，将"科技之变"置于首要位置，也可从中窥见国家层面的战略考量。

近年来，全世界都在跟着美军学打仗，其始终保持技术层面的领先优势是一个很重要的因素。一方面，美军成立了专注于非传统的高科技领域的专门机构，比如，耳熟能详的DARPA（美国国防高级研究计划局），其成立宗旨是"保

---

[1] 习近平. 在中国科学院第十七次院士大会、中国工程院第十二次院士大会上的讲话[N]. 人民日报，2014-06-10(2).

[2] 向全军发布开训动员令[N]. 解放军报，2022-1-5.

持美国的技术领先地位，防止潜在对手意想不到的超越"[1]；美国陆军未来司令部（AFC），通过陆军软件工厂、陆军应用实验室、疯狂的科学家实验室等开展军地协同技术研发，加速颠覆性技术向作战力量的转化。另一方面，发布了一系列科技战略，比如，美国安全中心在2013年发布的《游戏规则改变者：颠覆性技术与美国国防战略》中强调，美国必须为维持国防技术优势加强技术研发投入[2]；美国陆军2018年启动现代化进程项目，核心是使部队能够尽早接触前沿科技，并感知技术革新对战争带来的颠覆性影响；同时，美国企图通过以人工智能技术为核心的"第三次抵消战略"谋求新型作战力量上的"体系代差""认知代差"，以期凭借技术优势形成对对手的非对称作战优势；从2021年起，美军还围绕"全域作战"，致力于在核现代化、导弹防御、高超声速武器、人工智能等前沿科学技术领域全方位推动其作战力量的迭代升级[3]，并以量子、太空等前沿技术为桥梁，连接联合作战概念和新质作战能力，实现由网络中心战向数据中心战、决策中心战的转型[4]。由此可见，新型作战力量发轫于科学技术，科学技术是新型作战力量产生和发展的源动力。

（三）结构增效律

对新型作战力量而言，谈其结构并不是将新型作战力量进行要素分解去查看其相互作用方式，而是将新型作战力量本身作为战争系统中的一个要素，去考察其作战运用和组织形态。这种考察的视角是为了避免将上述"技术推动律"走到"唯技术论""唯武器论"的极端。技术只是为战争形态的演进提供了可能和界限，但只有新技术和新战术的结合才能改变战场的面貌[5]，即结构的重要性。结构决定功能，就如同一个石子投入湖水中，会引起原来平静湖水的涟漪，新型作战力量作为一个新的要素融入原有力量体系中，必然会引起体系结构的改变，从而引发后续作战理论、作战编成、作战样式的一系列变革。我们主要可

---

[1] 程鹏伟. 新型作战力量人才训学研一体培养关键问题研究[D]. 西安：空军工程大学，2022.
[2] 美本菲茨杰拉德. 游戏规则改变者：颠覆性技术与美国国防战略[R]. 美国：新美国安全中心，2013.
[3] 何昌其，赵林，等. 全域作战——美军作战概念大融合[J]. 军事文摘，2021(5)：60-65.
[4] 中国社会科学院地区安全研究中心. 当前世界国防科技发展动态与前瞻[J]. 党员干部之友，2021(4)：38-39.
[5] Geoffrey Parker. 战争的革新[M]. 美国：企鹅出版集团，2006.

可以从以下几个方面来理解结构增效。

首先，新型作战力量的"新"是相对于"原有""传统"力量而言，通常是现有作战力量体系中力量种类或作战功能的补位，这种补位一开始可能仅是单个武器装备、作战平台，之后在战争需求的驱动之下发展壮大，成为体系化的主流作战力量。类似自然界优胜劣汰的丛林法则，适合新战争形态的作战力量得以保留和发展，不适合新战争形态的作战力量被取代和淘汰，体系在战争需求的不断筛选下进行更新和淘汰，实现结构和功能的优化。这种"物竞天择"式的作战力量结构更新，也是作战力量自身发展的规律显现。

其次，正如美国杜普伊所言："实践证明，无论兵器的杀伤力有多大提高，新兵器跟军事战术和编制的兼容统一，要比新兵器的发明和采用重要得多"[①]。新型作战力量不单单是武器装备技术上的突破和功能上的改进，只要从结构上打破武器代次、用途、联结方式固定化的思维惯性，找到契合的编制体制以及战法，就能孕育新质战斗力的生成。例如，第一次世界大战结束后，英法等国仅将坦克作为新型作战力量要素配属步兵分散运用，而德国古德里安等将领率先采用"军队机械化"理念，在缺少坦克实装的条件下依托汽车底盘制作的坦克模型超前组织部队训练，最终推动闪击战在第二次世界大战中大放异彩。2020年以来，美军密集出台未来兵力结构、军力架构等有关新型作战力量发展筹划的政策文件和研究报告，力图抢占作战力量智能化和无人化发展的先机，保持甚至拉大在新型作战力量上与其他国家的优势，同样也值得我们关注和警醒。

最后，由于体系是能够得到进一步涌现性质的关联或联结的独立系统的集合[②]，新型作战力量的发展不再只是追求更新更强的新型作战力量极限数量，而更看重与其他传统武器之间的适配性和连接性[③]，从无休止的军备竞赛和金钱堆砌转而追求效费比。新型作战力量的出现，是提供了一个"1"，可以与现存的多代次武器"N"进行"1+N"的跨代次组合以及"1+M"的模块组合，这些组合中，新型作战力量以松耦合的方式与体系内的其他组分相互作用和相互影响，

---

① T. N. 杜普伊. 武器和战争的演变[M]. 北京：军事科学出版社，1985.
② 胡晓峰. 战争工程论[M]. 北京：科学出版社，2021.
③ 乔良，王湘穗. 超限战[M]. 湖北：湖北长江出版集团，2010.

通过不断磨合，呈现出 1+1>2 的整体功能涌现，继而出现战斗力水平的跨代际跃迁。尤其对于我国，现在正处于机械化、信息化、智能化三化融合的时代背景下，不同代次的武器搭配使用，可以提升武器系统整体的鲁棒性，成为武器效能的"倍增器"。综上所述，新型作战力量一旦通过某种途径进入作战体系并与之聚合，就会形成具有一定结构的、异于要素独立状态下的战斗力，即结构力。这个结构力对原有系统的作战效能是正增益还是负增益取决于新型作战力量的性质、融合形式以及对系统结构的改变，要使系统呈现出"1+1>2"的涌现效应，不仅要看新型作战力量的数量、质量和性质，更要注重新型作战力量的分布、结构和与原系统间的相互关系，即结构增效律。

（四）人才支撑律

新型作战力量人才是指从事新型作战力量建设与运用，代表新型作战力量鲜明特质，具备相应专业知识和技能的高素质军事人员[①]，是新型作战力量构成的根本性要素，直接决定着新型作战力量建设成效以及作战能力生成。

从新型作战力量建设层面分析：当前，随着我军使命任务的不断拓展，我军军事战略布局加速向深海、深空、网电等新质新域拓展，新型作战力量成为优化我军力量编成结构、改变战争力量态势的杠杆力量。从我军新型作战力量建设的现实需求和未来发展趋势来看，急需大批从事新型作战力量研究、建设、运用的军事人才，在新型作战力量概念形成、装备制成、战力生成等各个关键环节源源不断地提供技术、智力、人力等支撑，以适应军事力量结构调整布局和军事斗争准备深化拓展，支撑推动部队转型发展、争夺未来战争主动权。军事人员现代化发展战略中亦对新型作战力量人才建设提出了要求，明确要按照成体系生成作战能力要求，突出建强新型作战力量部队关键指挥和主干专业人才，统筹发展作战支援、综合保障和技术骨干人才，构建要素齐全、体系集成的新型作战力量人才群体，以适应打赢具有智能化特征的信息化局部战争要求、达到世界一流军队水平的建设进程。

从新型作战力量作战能力层面分析：对于作战能力，国防大学胡晓峰教授

---

① 军办发〔2022〕19号. 关于印发《关于加强新型作战力量人才建设的若干措施》的通知. 2022-1-22.

在《战争工程论》中指出，战斗力通常包括三要素——人、武器装备和各类能够使人和武器装备发挥作用关系的总和。其实也就是人和武器装备两个主体和它们之间的作用关系，这个作用可以是资源、条件等硬关联，比如信息系统等实体；也可以是制度、环境等软关联，比如作战理论、体制编制、条令条例等。但无论是武器装备还是作用关系都依赖于人这个主体要素而存在，武器装备是人为了开展作战或者保障作战以及其他军事行动而研发的能倍增作战效益或者减少自身伤亡的中介平台，是为人这个作战主体服务的，而作用关系也是围绕人开展的，因此人是战斗力的核心组成要素，进而成为战争中亘古未变的主导要素。回顾整个战争发展史，在新型作战力量交替更迭的历史进程中，人在战争中的主导地位未曾改变，但相对作用发挥呈现出"U"字形的发展曲线：在原始社会以近身肉搏作为作战主要方式时为最大，之后随着冷热兵器的出现以及机械化进程的推进，武器平台毁伤力的不断提升导致人在战争中的相对作用变小，直至原子弹出现、毁伤力到达极值后，战争的进程开始向信息化转向，力量运用趋向前方战斗人员减少、后方支撑人员增多，武器操控人员减少、信息开发人员增多，有形战场人员减少、无形战场人员增多，小前端大后方的力量配置形态让人的作用凸显，成为决定战争胜负的不二因素。因此，聚力打造新质化、专业化、信息化新型作战力量人才方阵支撑新型作战力量建设成为新时代我军现代化建设的重要任务之一。

以上规律中，需求引领律和人才支撑律是新型作战力量的重要规律，决定着新型作战力量的发展方向和建设基础，技术推动律和结构增效律是新型作战力量的本质规律，形成了新型作战力量的"高技术""重结构""快迭代"等典型特征，是新型作战力量区别于传统作战力量的最鲜明特质。

第二节 新型作战力量训练模式的概念界定

一、训练、模式和训练模式

由于现有研究已经对"训练""模式"以及"训练模式"进行了较多综述，在此仅取本书相关部分进行简述。

（1）关于"训练"。根据2011年版《军语》，训练（军事训练的简称）主要由三类活动构成：一是军事理论及相关专业知识教育；二是作战技能教练；三是军事行动演练。明晰定义即可以明确研究范围，根据"训练"的定义，在后续开展训练模式研究时，其研究主体除部队训练活动外，还应将院校教育、军事职业教育等教育活动纳入。

（2）关于"模式"。根据《汉语大词典》《辞海》等标准工具书中的权威释义，模式是"事物的标准样式"[①]"亦'范型'，一般指可以作为范本、模本、变本的样式"[②]。军事训练学领域，空军工程大学军事训练学学科带头人陈杰生教授等提出，"模式"是指"某种事物的标准化形式或使人可以照着做的标准样式"，其中，"标准样式"是指经过概括化的，具有明晰的功能、结构与操作程序，可供人们模仿的范本或模板[③]。从模式的概念可以看出，模式是一种具有指导性的样式，主要涵盖了结构和程序等要素。

（3）关于"训练模式"。根据2011版《军语》定义，训练模式是构成训练体系的各个要素自身发展、有机结合、整体运转的标准形式。此外，也有很多学者对训练模式的内涵和外延进行了深入研究，主要观点有：训练模式是统一执行的标准训练形式，包括训练的基本程序、手段和方法[④]；训练模式是训练的结构样式和运行范式[⑤]；训练模式是在一定的训练思想指导下，为达成一定训练目标而形成的典型、稳定的"训练实施活动的组织框架和活动程序"或"训练组织结构样式和运行范式"[⑥]。从训练模式的概念可以看出，训练模式与模式是种概念与属概念的关系，训练模式作为模式的下位概念，受模式概念的限制，具备模式所具备的基本特质，也是模式具象的显现。反之亦然，一项军事训练改革成果亦可通过判断是否具有结构的优越性、过程的可操作性和功能的有效

[①]《汉语大词典》编辑委员会. 汉语大词典（普及本）[M]. 北京：汉语大词典出版社，2000.
[②] 夏征农，陈至立. 辞海2[M]. 6版. 上海：上海辞书出版社，2009.
[③] 陈杰生，陈龙斌，胡荣. 信息化条件下空军训练模式创新发展研究[M]. 北京：蓝天出版社，2012.
[④] 空军"三项整治"办公室. 稳妥推进空军军事训练模式改革[J]. 空军军事学术，2009(5)：21-22.
[⑤] 吴清丽. 战斗力基本形态的新视角[M]. 北京：军事科学出版社，2011.
[⑥] 胡荣. 空军地面防空兵战术训练模式研究[D]. 西安：空军工程大学，2013.

性[①]等模式特性来判定其是否为训练模式。

二、新型作战力量训练模式

通过上述对训练、模式以及训练模式概念的递进分析，本书将新型作战力量训练模式的概念界定为：为达成新型作战力量训练目标而形成的新型作战力量典型训练组织实施结构样式和运行范式。关于这个概念，作出如下释义：

（1）新型作战力量训练模式是具有实操性的模式。具体来说，是在概念界定中体现出了"训练"和"模式"内涵的落地。将新型作战力量训练模式概念的逻辑起点定在了新型作战力量训练的目的上，指出其目的是将新型作战力量的潜在战斗力转化为现实战斗力，即形成遂行作战能力。而新型作战力量训练模式是为了达到这一训练目的而形成的、可以反映新型作战力量训练特点规律和本质特征的标准形式。同时，为了便于理解和操作，将定义中"标准形式"选取了"结构样式"和"运行范式"两个典型要素进行展开。其中，"结构样式"侧重于静态的框架，包括训练主体、组织框架、功能界面等；"运行范式"侧重于动态的流转，包括新型作战力量训练活动程序及采用的支撑方法、手段、机制等。将新型作战力量训练模式的典型要素列出也是为了避免一个常见的误区，在理论研究中，时常有学者将训练的要素和训练模式的要素混淆，训练是一种实践活动，其基本要素主要有组训者、受训者、训练内容、训练方法和训练环境等；而训练模式是对训练形式规律的反映，主要要素如上所述，二者属性不同。新型作战力量训练模式要素的选取亦为本书后续的开展选择了合理视角。

（2）新型作战力量训练模式是具有发展性的模式。新型作战力量训练模式的发展性由两个方面决定：第一个方面是由新型作战力量的发展性决定的。新型作战力量种类繁多而且具有高度的时代特性，决定了其是一个随着时间推移外延会发生变化的概念。而新型作战力量训练模式是对新型作战力量训练过程的简化、抽象表示，它不一定要包括新型作战力量训练的全部特征，但一定是能够描述新型作战力量训练的本质特性的。因此，作为联结新型作战力量训练理论和实践的桥梁，训练模式必然跟随新型作战力量概念的拓展而呈现出发展

[①] 徐奉臻. 教学改革：理念创新与模式构建[M]. 北京：中国社会科学出版社，2009.

性。第二个方面是由模式的发展性决定的。新型作战力量训练模式仍然属于模式范畴，所以会呈现出"模式"的基本特质。模式作为理论的具体化和实践的抽象化，是具有一定的相对性和条件性的，会随着理论和实践的演进而进行相应调整。类似生产力和生产关系之间的演进规律，当训练模式不再适应训练理论、训练实践，就会产生新的训练模式，这也正为新型作战力量训练模式的产生奠定了基础。同时也说明，新型作战力量模式不是恒定适用的，也会因为训练理论和实践的不断演进产生新的不适应进而孕育下一形态的模式。而正是这种训练模式的不断交替更迭、变革发展，造就了战斗力水平的持续提升。

（3）新型作战力量训练模式是具有引领性的模式。通常来讲，训练模式可分为两种基本范式，设计范式和经验范式[1]。其中，经验范式是从军事训练实践中总结、提炼的，用以规范和指导军事训练组织实施过程的基本样式[2]，而设计范式是在研究建立新的军事教育训练体系过程中，尤其是顶层设计和起步阶段建立的具有示范、引领、指导作用的基本样式。我军新型作战力量及配套训练资源都面临一个从无到有的建设过程，因此必须从顶层设计上对新型作战力量训练模式进行统筹规划，形成具有引领性的设计范式，以推动新型作战力量战斗力生成、巩固和提高。而推动训练模式由设计范式向经验范式发展，是深化军事训练改革的核心[3]，因此在新型作战力量训练模式构建后，只有通过在训练实践中的不断发展完善，使前瞻的引领性转化为日常的实践性，使设计范式上升为经验范式，才能实质上促进我军军事训练转型发展。同时，这个模式构建过程也不是一蹴而就的，是一个以点带面、典型引路的示范过程，边建设、边实践、边改进、边推广的螺旋式发展道路是其应然选择。

（4）新型作战力量训练模式是具有嵌套性的模式。新型作战力量训练模式是对新型作战力量训练的典型样式和标准形式的统称，因此是一个大的概念，它可由诸多分模式组成，而这些分模式可以是横向同一层级上不同类型的模

---

[1] 曹领祺，尹巧，李媛. 院校部队联合教育训练理论与实践研究[M]. 北京：解放军出版社，2017.
[2] 陈杰生，陈龙斌，胡荣. 信息化条件下空军训练模式创新发展研究[M]. 北京：蓝天出版社，2012.
[3] 刘逢安. 高端访谈：解放军"十二五"时期军事训练如何改革？[EB/OL].http://25.112.33.30/zgdt/2011/201109/230315.html. 2011-09-23.

式，也可以是纵向不同层级上同一类型的模式，还可以是按时间阶段划分的模式等，只要分类方式兼具独立性和完备性就可以成为新型作战力量训练模式划分的依据，并且依据同样的分类原则，这些模式下面还可以继续细分各自的子模式，形成层层叠加的"套箱式"层级模式结构。通常情况下，如果选定某一层级视角，则其下一级模式通常作为基本构成单元融入上级模式中，其内部的层级结构往往被"屏蔽"或"质点"化，只显示出本层级的整体性特征，只有考察重心下移时，下一级模式的内部结构才会显现。比如新型作战力量训练模式按军种来划分，可分为陆军新型作战力量训练模式、海军新型作战力量训练模式、空军新型作战力量训练模式、火箭军新型作战力量训练模式等，此时每个军种下面的兵种新型作战力量训练模式结构被屏蔽，只有考察具体某一军种新型作战力量训练模式时，下面的兵种新型作战力量训练模式的结构才会显现。这也为后续新型作战力量"通用+一般"即"1+N"训练模式的提出奠定了理论基础。

第三节 新型作战力量更迭与训练模式演进的逻辑关系辨析

马克思主义者认为历史发展是有规律的。同样，在新型作战力量更迭与训练模式演进间也是存在必然联系的，探寻其中的规律、梳理其演进路线，也可以使本书的逻辑主线更加清晰。

一、新型作战力量更迭与训练模式演进规律

新型作战力量是以形成非对称作战优势为标志的作战力量，而这个"非对称优势"往往体现在战争中介上、以武器装备平台为典型代表。回顾人类战争发展史，原始战争—火力战争—机械化战争—信息化战争成为达成共识的战争形态跃迁阶段，而这种断代式的跃迁是以当时的新型作战力量——火力作战平台、机械化作战平台、信息化作战平台的出现和作战运用为标志的（同时也是为了区分以及避免和本书探讨的新时代的新型作战力量混淆，我

们将那些具有时代特性的新型作战力量以平台命名）。本节主要从历史经验的总结和梳理中，研究新型作战力量出现后，影响和推动训练模式变革的实践链路。

（一）人体平台时期的训练模式

所谓人体平台时期，是指战争中，主要的作战力量是人以及围绕人体能延伸的木石器、冷兵器，如石弩、刀、剑、戟等。该时期战争形态的主要特点是：战争主导因素为"物质"，以肉搏战、弓箭战、白刃战、骑兵战等为主要作战样式，徒手战争、木石化战争、金属化战争为主要阶段的体力中心战。该时期的机动力受限，战场结构是平面的，战争空间是陆地和海洋。主要作战方式是基于人体的阵式作战，是视距范围内面对面的拼杀。该时期训练模式的主要特点是：出现了军队和专门用于作战的兵器，训练从社会生产中逐步分离出来，成为一种独立的社会活动。在徒手战争以及木石器战争时期，训练模式是"教民以猎"的延伸，从与野兽搏斗获取生存权利到有意识、有组织地传授战争经验、知识和技能，在生产劳动中并行组织骑马、投掷、射箭等训练活动。在金属化战争时期，随着社会生产力的发展，训练模式已经在早期军事理论指导下逐步走向科学，从针对单人对阵厮杀的体能训练过渡到通过阵形组织人与武器进行简单的协同训练（如西方的马其顿方阵、希腊方阵[1]、中国"八阵""锥行之阵""玄襄之阵"等[2]），并出现了专门的训练组织机构。

（二）火力平台时期的训练模式

所谓火力平台时期，是指战争中，主要的作战力量是人以及热兵器，如枪、炮等当时的新型作战力量。该时期战争形态的主要特点是：战争主导因素产生了质变，由"物质"走向"能量"，将化学能转化运用到战场之上。由于作战平台的变更，主要作战样式变为火力战，战争升级为火药化战争。该时期战争空间仍是陆地和海洋，主要作战方式是基于火力平台的散兵线式作战，从视距范围内的拼杀走向了超视距。该时期训练模式的主要特点是：火力平台时期训练模式受自然科学大力发展的影响，训练目标不再仅仅是对火力平台操作和运用

---

[1] 赵卓. 颠覆性技术与战争形态演变[M]. 北京：国防大学出版社，2019.
[2] 吴铨叙. 军事训练学[M]. 北京：军事科学出版社，2003.

的熟练度，而是拓展到对火力平台背后科技和军事知识的掌握，这就促使了训练领域从单纯的部队训练走向了部队训练+军事院校教育，开始重视军事人才培养；训练内容除了围绕火力平台的理论学习、技术训练外，由于火力平台产生了炮兵等新兵种，还有围绕新兵种的战术训练以及与原步兵、骑兵协同的合同训练；训练体制"随着新作战工具即射击火器的发明，军队的整个内部组织就必然改变了"[①]，出现了沿用至今的军、师、旅等编制体制；同时，东西方均在此时期出现了训练法规对训练加以规范。

（三）机械平台时期的训练模式

所谓机械平台时期，是指战争中，主要的作战力量是人以及机械平台，如飞机、坦克、军舰等当时的新型作战力量。该时期战争形态的主要特点是：战争主导因素仍然是"能量"，但从火力平台的化学能转为了机械能，并以闪电战、空地一体战等为主要作战样式，机械化战争为主要战争形态。该时期战场结构从平面走向了立体，战争空间从陆地和海洋二维走向了陆海空三维。主要作战方式是基于机械平台的线式及合同，从"力强则胜"走向了"规模制胜"。该时期训练模式的主要特点是：由于机械平台的出现和增多，进一步促进了军兵种的精细分类，形成了现代军队的基本组织架构，而结构的改变会产生一系列与新平台相适应的训练模式，比如兵种层面的合同训练和军种层面的联合训练[②]。此外，科技的进步也不断促成训练手段和方式的更新，出现了各种训练模拟器材以及训练中心、训练基地（如美军的"国家训练中心"）等。同时，军事训练机制日趋完善，各类机构以及训练方针、政策、计划、条令条例逐步体系化。

（四）信息平台时期的训练模式

所谓信息平台时期，是指战争中，主要的作战力量是人以及信息化平台，如无人机、巡航导弹、机器人等新型作战力量。该时期战争形态的主要特点是：战争主导因素发生了跃迁，从"能量"走向了"信息"，由于作战平台的种类激增，作战样式也逐步呈现多样化，形成了信息化战争、智能化战争为主要战争形态的信息中心战。战场结构是从多维走向了多元，从陆海空实体物理空间走

[①] 马克思恩格斯选集.第1卷[M].北京：人民出版社，1972.
[②] 邹舟，李莹军.未来战争形态研究[M].北京：兵器工业出版社，2019.

向了网络、电磁等虚拟空间。主要作战方式是基于网络信息体系的联合作战，战争重心实现了从作战前线到指技后方的转移。该时期训练模式的主要特点是：由于信息平台的出现将原来孤立的武器装备赋予了联结的性质，使其成为战争系统中的一个节点，这样就在整体结构中产生了网络赋能的"梅特卡夫效应"形成聚变。基于此，信息平台时期的训练模式不再是仅仅着眼单个武器装备效能发挥，而是开始聚焦体系训练，各级各类的体系演习也逐渐增多。同时，训练手段也高度依赖信息技术，产生了"网络+"等新型训练方式，模拟训练、网络训练、数字化训练、科技训练等训练样式成为新趋势。信息平台导致信息传输速度（如 OODA 环的运转速度）成为战争制胜关键，因此机械化平台时期形成的垂直的训练组织架构逐步走向扁平化。此外，战争从机械平台时期追求规模走向信息平台时期追求精确打击，战争规模得以控制的同时，对人的信息化素养和学习能力有了较高要求，终身学习理念已经成为各国军事人才培养的共识。

二、新型作战力量更迭与训练模式演进逻辑

从以上新型作战力量更迭与训练模式演进关系的梳理中，我们可以看到纷繁表象之后的规律，新型作战力量是社会生产力在军队战斗力上的折射，其出现是受当时的社会生产力发展水平，尤其是科学技术水平制约的，而新型作战力量一旦出现会引发原有作战工具、作战时空、军队编成、作战方法与军事理论产生结构性改变，即战争形态发生变化[1]。为适应战争形态的变化、赢得战争的胜利，军队势必要进行军事训练的调整改革，而训练改革中对结构和方法即训练模式的变革尤为重要。前面的梳理截至信息化平台即信息化新型作战力量，是因为从揭开信息化战争序幕的海湾战争（1991 年）到信息化战争成型的伊拉克战争（2003 年），距今 20 年已过去，虽然战争形态也在渐进式的发展，但尚未形成断代式的跃进。不过从近期爆发的阿塞拜疆纳卡冲突（2020 年）、俄乌冲突（2022 年）等局部争端中，可见日益显现的未来智能化战争雏形，所以可以将现在进行时界定为信息化向智能化过渡的后信息化时代或信息化高阶时

---

[1] 董子峰. 信息化战争形态论[M]. 北京：解放军出版社，2004.

代。本节结合新时代特点，在梳理新型作战力量更迭与训练模式演进的逻辑主线的同时，对现代战争需要什么样的训练模式进行探析。

（一）科学技术的变革导致作战力量的变革

新型作战力量是前沿科学技术在军事领域的映射，科学技术的时代变革会直接导致新型作战力量的时代更替。如今，科技水平成熟度满足了人类活动空间拓展的技术支撑需求，当人类脚步迈向深海、极地、深空等全新领域时，为了谋求该领域的战略优势，相应地形成了深海、极地、深空、太空、远程远海等新型作战力量；随着材料、能源、人工智能等技术领域的断代式演进，传统作战力量装备平台在火力、机动力、防护力、信息力等方面得到了质的飞跃，迭代升级形成了空中作战、水下作战等新型作战力量；同时，由于现代战争的复杂性，凭单一技术已经很难形成非对称作战优势，以网络攻防技术、人工智能技术、高超声速技术、定向能技术、自主无人技术、量子技术、脑科学技术为典型代表的一系列高新技术群应用于军事领域，衍生出无人作战、人工智能、量子科技、认知作战、生物安全等新型作战力量。同时，根据定义，新型作战力量是在科技和战争双驱动下产生和发展的，部分科技在军事领域的应用初衷可能只是工业部门或者高新技术企业出于对市场需要和经济利益的考虑，比如2022年第十四届中国航展（珠海航展）上，中国电子科技集团有限公司、中国航天科工集团有限公司等多个单位都展出了各家研发的蜂群无人机发射车，由于暂未列装，目前其只是在科技驱动下形成的具有经济效益的装备，并不能称为"新型作战力量"，但蜂群无人作战作为被普遍看好的作战样式，用发展的眼光看，相信其不久将成为新型作战力量中的一员。

（二）作战力量的变革导致战争形态的变革

战争形态，是指战争这一事物所具有的外在形式或其内在的、本质的、必然联系的外在表现[1]，是战争系统诸要素及其结构、功能的整体状态[2]。由于新型作战力量是战争体系中的变革性力量，在当代科技力量的驱动下新型作战力量所产生的变化会通过一系列的连锁反应映射到战争形态上。比如，**对作战者的**

---

[1] 王保存. 世界新军事变革新论[M]. 北京：解放军出版社，2003.
[2] 梁必骎. 军事革命论[M]. 北京：军事科学出版社，2001.

影响： 后信息化时代，新型作战力量所对应的武器装备具有高度的复杂性，这种复杂性不仅体现在装备的操作上，在装备运用上也要适应新型作战力量融入体系产生的自组织、自适应和自成长性，不仅对人的指挥素养、技术素养等综合能力有较高要求，也要求人具有较强的学习能力，能同步伴随新型作战力量进行对应的知识体系更新。**对作战时空的影响：** 信息化平台时期作战时空已经完成了实体物理空间向虚拟空间的跨次元推进，作战时空升级为多域战，而后信息化时代，在海洋、陆地、网络、空中、太空、电磁频谱等领域新型作战力量日臻成熟的基础上，作战时空进阶为全域战，强调更深层次的联合，这种联合是跨层次（作战层级、组织层级等）、跨域（物理域、作战域等）、跨代（武器装备的不同代际等）的，是通过信息平台将分布在多维作战空间和作战域的各类作战力量有效聚合，最终促成作战效能涌现、实现融合制胜，这也为作战时空的全维、全域、全时性提供了条件。**对作战形态的影响：** 从俄乌冲突等一系列局部争端来看，现代战争已彻底颠覆了传统战争的作战样式和战争形态，对峙双方在物理空间、网络空间、社会空间等多个领域持续互制、错位交战，"混合战争"成为现代战争的典型样式。而随着参与对抗的领域和要素的增多，单个平台所能执行的任务越来越有限，战争已经从平台时期逐步向体系时期进行过渡。而体系作战的核心是"链接"，更强调网络聚能、信息赋能、算法增能，传统的重心打击、主力会战、歼敌有生力量等作战思想发生颠覆性变化，以智赋能、聚智增能、集智释能成为高级阶段信息化战争的发展趋势，制信息权成为高位战争制权。**对作战手段的影响：** 人工智能技术的嵌入和运用，使得战场感知能力和信息处理能力呈几何数级提升，拥有信息优势的军队掌握更大的战场透明度，并将剥夺或迟滞对手的信息获取与决策能力。对抗手段由以往的火力毁伤向破体战、瘫痪战、失能战等方向转变，电子佯动、信息欺骗、伪装干扰、网络攻防将成为重要手段。**对战斗力生成模式的影响：** 习近平主席在党的十九大报告中强调，要"战胜信息化程度很高的作战对手，必须加快形成现代化的战斗力生成模式，提高基于网络信息体系的联合作战能力、全域作战能力"。外军已形成"需求分析—概念设计—理论验证—方案推演—作战检验"闭环反馈、滚动发展的新型作战力量进入作战体系即新质战力生成路径，重视军事理论研究、重视军地协同、重视试验基地的"战争预实践"功能。而以上这些方面的影响,直接支撑的是具有智能化特征的新战争形态。虽然我军秉承和平发展理念,久未经战,但战争与和平的辩证法告诉我们,只有知战习战备战,通过现代战例学习了解未来的仗怎么打并积极准备,才能慑战止战。

(三)战争形态的变革引起军事训练的变革

军事训练是和平时期最贴近实战的军事实践活动,由于其战争靶向性,军事训练的内容、方法、手段、标准等都是由所处时代的战争性质决定的,即战争形态决定训练形态。开展军事训练必须紧跟战争形态的变革,做到"仗怎么打、兵就怎么练"。现代战争已经从充分利用自然空间走向主动创造技术空间,而网络、电磁等新型作战力量对应的技术空间作为人造空间,具有高度的弥漫性,广泛散布于陆、海、空、天等作战领域,将各种作战力量进行联结,使得作战要素有效联动、作战能力协同互补、作战行动深度级联、作战效能聚优释放,并且在物理域、信息域融合发生作用时常伴随着认知域、心理域等多域叠加,战争重心已经转移到基于网络信息体系的联合作战、全域作战。同时,现代战争作战目的复杂,常常是军事、政治、经济、外交等各个方面相互交织的共同体,这就导致作战目标的实现方式会有所转变,从原来战术、战役、战略及其细分层次的作战行动逐步叠加到现在战争界限和层级逐渐模糊、战略战役战术交融,甚至通过战术性的"点穴""闪击"行动也能直接达成战役甚至战略目的[1],即现代战争的"战略决策、战役指挥、战术行动"现象[2]。此外,随着单兵终端以及作战平台的智能化,指挥链路更加扁平、信息传递更加直接,这就使得作战力量的调配方式更加灵活,可以作为独立模块,按照作战效能优先级打破现行基于武器平台和作战空间的军兵种管理体制,实现矩阵式管理、积木式搭建小型混合编组参战。这些战争形态的变化要求军事训练做出相应变革。面对"未来已来"的战争形态之变,以我军为例,近年来,正按照习近平主席"准确识变、科学应变、主动求变"要求,踔厉推进军事训练转型升级。

---

[1] 辛成湖,孙峰俊. 抓好新型作战力量实战化训练[N]. 解放军报,2020-12-29.
[2] 李大光. 陆军特种作战新型武器装备体系建设研究[C]. 知远防务论坛,2013.

（四）军事训练的变革推动训练模式的变革

军事训练自身也是一个不断发展演变的复杂系统，其训练指导、训练体制以及训练内容、方法等，无不随着时代变迁、战争形态演变、战略任务调整而发生相应变革。而这种军事训练因时因势的变革必然要求对军事训练形态和样式进行重新设计，探索新的训练模式以紧密契合军事训练发展变化。新型作战力量训练作为新时代军事训练新的发展方向，其必然赋予军事训练新的内容和要求，要提高其军事训练质量效益，就有赖于新的训练模式的选择和运用。通过新的训练模式构建，提高新型作战力量训练质量成效，成为推动新时代军事训练科学发展的迫切要求。另一方面，从军事哲学层面讲，新型作战力量是相对于已投入使用的成熟作战力量而言，其出现和发展源于军事需求和科学技术的不断变化发展，是军队为适应未来作战需求而不断转型的动态化呈现，代表的是新的作战能力。新型作战力量异于传统力量的典型特质（如高技术属性等），使其与原有的训练模式产生了一定的不适应性，并且这种不适应性会随着新型作战力量建设发展的推进愈发显现，成为阻碍新型作战力量作战能力快速生成的藩篱和羁绊，迫切需要对整个训练主体、训练结构、训练流程进行重构，设计新的训练模式以适应新型作战力量的发展需求。这是新型作战力量自身发展规律所要求的，也是生产力与生产关系"适应—不适应—新的适应—新的不适应"相互作用递进发展规律在新型作战力量训练领域的投射。

第四节　新型作战力量训学研一体训练模式

新型作战力量从部队成立—接收新装备—形成战斗力的过程，不仅是新型作战力量创立的过程，也是该新型作战领域训练能力生成和训练模式创建的过程。新型作战力量武器平台更加先进、行动样式更加超前、战场关系更加复杂，具有"高技术""重结构""快迭代"等典型特征，其训练开展必然会有更新、更高的要求。明确训练内容、训练方法、训练条件建设需求，并以此为基础构建新型作战力量训练模式，对缩短新型作战力量战斗能力生成周期、促进新型作战力量快速形成联合作战、全域作战能力具有重要意义。

一、新型作战力量训练开展需求

（一）新型作战力量训练内容需求

训练内容是新型作战力量训练的核心要素，也是构建新型人才训练模式的重要组分。新型作战力量部队接收新装备后，难免存在原有的训练内容难以满足新装备训练需求的问题。迫切需要及时更新训练内容，使理论教学、操作培训、战术演练等训练内容与入列的新型作战力量装备相适应，从而快速展开新装备训练，支撑部队形成战斗力。新型作战力量作战由预警探测、指挥控制、火力打击、信息对抗、技术保障等多种作战系统与单元构成，作战往往跨越深空、深海等物理域，融合通信、控制、光电、人工智能等众多专业领域，综合运用最前沿的军事科技及理论成果，这就要求在新型作战力量训练开展时，要秉持"大训练"观念，除传统部队训练外，更应注重知识、能力、素质的拓展训练开展。

（1）新型作战力量拓展理论训练内容。在基础理论方面：立足军队院校现有学科专业资源，积极拓宽专业口径，改造课程结构，升级教学内容；前瞻设置新专业满足未来新型作战力量岗位需求，加强新兴学科专业培育，拓展教学内容；全面走开改装培训、专题集训、课题研训、送学上门等多样化教育训练路子，将国家前沿技术对接运用于新型作战力量教育训练中。在作战理论方面：作战理论作为军事训练的基础，直接决定着军事训练的质量。伴随新型作战力量接改装部队接收新装备，原有的理论知识很难适应培训需求。需要根据新型作战力量接改装部队作战体系构成和武器装备组成，更新与其相适应的信息感知、信息融合、作战规划、交战控制、人机交互、新型战斗部系统，以及新型供电设备等的原理内容；更新与新装备相适应的战斗指挥、武器控制、自主交战、作战评估等理论内容。同时，更新与新装备相适应的装备维护和保养、装备故障与排除、装备保管和运输等装备维护理论内容。此外，还需要根据接改装部队训练需求，有针对性地调整理论内容，综合运用多手段使军事理论训练内容保持鲜活性。

(2)新型作战力量作战使用战勤操作训练内容。战勤操作训练是前承作战理论教学，后接战术演训的关键环节，对战斗力的形成有着重要的作用。新型作战力量部队接收新装备后，由于新装备技术复杂，对战勤操作训练内容同样有着很高的需求，需要与新装备相适应的战勤操作训练内容做支撑。如为单兵更新与新装备相适应的各专业岗位战斗操作训练内容，为战勤班更新单个装备车辆操作协同训练内容，为作战单元更新武器系统"小回路"操作磨合训练内容，为接改装部队使用新装备相应的兵力机动、占领阵地、模拟对抗、伪装防护等全作战流程、全系统合成的训练内容及相应的教令；满足新型作战力量接改装部队战斗操作培训内容需求的同时，还需为接改装部队更新与新装备相适应的装备维护训练内容，使接改装部队及时掌握新装备的维修、维护保养、排除故障等装备维护技能。总之，搞好战勤操作训练内容的更新，可为接改装部队缩短适应新装备的周期，形成战斗力奠定基础。

　　(3)新型作战力量作战使用战术战法演训内容。战术演练作为军事训练的核心内容之一，是接改装部队生成战斗力的重要途径。新型作战力量需要通过循序渐进的战术演练，完成由单兵到小组到单元到系统再到大体系的融合，形成快速反应、精准破击、体系对抗等新质作战能力。因新型作战力量对战术演练内容需求的独特性，需要接改装部队广泛开展以新装备为依托的战术演练。接改装部队需要与新装备相适应的要素集成、单元合成、指挥协同、作战编组、行动方法等战术演练内容，确保部队与新装备高效磨合。在战术演练实施的过程中还需要伴随武器作战效能检验内容，并根据新装备性能更新作战样式、丰富和发展战术、作战想定，研练出与新装备适配的战术体系，促进新型作战力量运用新装备遂行作战任务能力的提升。

(二)新型作战力量组训能力需求

　　新型作战力量武器技术含量高、系统复杂、建设周期长、运用机理新，通常不是"交钥匙工程"，具有装备边研制、边试用、边完善的特点，对于组训能力的生成需求尤为突出。需要超前开展新型作战力量装备理论组训能力、战勤技勤操作教学能力和战术战法教学能力的建设，确保装备定型就能形成组训能力，为提高接改装部队作战训练水平提供重要的支撑。

（1）新型作战力量装备理论组训能力需求。新型作战力量的新装备理论教学能力生成同样面临着从无到有的过程。新装备理论教材、教案、教范作为新型作战力量新装备理论组训能力的基础，需要组织骨干力量到装备研制单位现场跟研、跟产、跟试，掌握新装备设计原理、使用方法等第一手资料完成新装备理论教材的建设工作；掌握教学内容作为新型作战力量新装备理论组训能力的核心，需要组织组训梯队广泛参与新装备研究工作，跟踪新型武器装备的新技术，更新、优化组训内容。而教法设计作为新型作战力量新装备理论教学能力的重要保障，需要结合院校教员的理论素养和部队教练员的实践经验，共同完成新装备的教法设计，为新装备理论组训能力生成提供重要支撑。

（2）新型作战力量装备战勤技勤操作组训能力需求。针对新型作战力量作战体系各要素耦合紧密、系统性强、人机交互密切、对支撑保障体系要求高的作战使用特点，需要对人才指技融合成体系培养。随着新型作战力量装备发展速度的加快，对新型作战力量官兵的战勤技勤操作水平的要求不断提高，这就需要院校教员、部队教练员要及时掌握与新装备相适应的操作使用、维护保养与战斗勤务等方面的装备实操组训能力；为了更好地进行新装备战勤技勤操作组训工作，需要新装备教员、部队教练员具备编写新装备战勤技勤操作教令、教范的能力，规范新装备组训；此外，还需要新装备教员、部队教练员会制定各层级各专业战勤技勤操作的精细化考核标准，为检验新装备战勤技勤操作组训提供标准。

（3）新型作战力量装备战术战法演练组训能力需求。新型武器作战使用，往往具有战术与技术融合的特点，新型作战力量武器效能的发挥受战术战法影响。接改装部队更新装备后，对新装备战术战法创新、演练想定设置、程序流程设计、演练考核组织等行动演练教学能力的需求同样十分迫切。需要院校教员和部队教练员通过参与新装备作战需求论证、跟踪装备研制生产，提前接触新装备，从而超前掌握新装备制胜机理和作战原理，对新装备在联合作战体系中的地位作用有清晰的认识，进而能够设计出与新装备相适应的战术战法；同时，还需要院校教员积极参加接改装部队战术战法演练、基地化联合训练、基地实战化打靶检验等活动，把经过实践验证的新装备战术战法吸收到新装备战术战法教学工作中；需要部队新装备教练员能围绕新装备战术战法，组织接改装部队开展融入作战体系的综合演练，这对提升新型作战力量新装备作战能力的生成具有很强的现实意义。

（三）新型作战力量训练条件需求

新型作战力量训练离不开训练条件的支撑，新型作战力量新的装备形态、新的体系配套、新制胜机理、新的作战流程，对训练条件提出了新的需求。新型作战力量装备造价昂贵，装备数量有限，迫切需要结合新域新质作战领域装备研制进程，预先开展组训条件建设，与新装备研发同步开发建设相关半实物仿真实验室与模拟训练专业教室，同步研制或配备相关的模拟训练设备，丰富新型作战力量教育训练资源，为受训人员提供真实操作和作战模拟手段。

（1）构建新装备战勤和技勤训练所需的模拟系统。新型作战力量培训常常会面临武器装备复杂、价格昂贵、数量难以满足受训需求、训练场地不足等现实问题。如果仅仅依靠实装开展训练，影响训练效率的同时，也会造成训练资源的大量损耗。这就迫切需要将逼真、操作训练重复性好、设备使用便捷的装备模拟训练系统引入到日常战勤、技勤训练中，为接改装部队开展训练提供便利；需要坚持虚实结合、软硬结合，配套建设新装备操作模拟系统，支持战斗操作班子，开展撤收、展开、加注、发射、火工品处置等危险科目模拟训练，保证训练质量的同时，减少了装备不必要的损耗；还需要以新型作战力量体系化训练需求为牵引，持续加强新型作战力量体系化模拟训练手段、平台和体系建设，用以满足新型作战力量各层次战勤技勤岗位人员培训、新型号接改装部队整建制培训等训练任务。

（2）构建新装备部队指挥控制训练所需的指挥演练环境。新型作战力量对于指挥演练环境的需求主要体现在对新装备配套的指挥信息系统的需求。信息化作战对新型作战力量作战指挥的能力要求不断提高，传统战斗指挥推演模式已经难以满足实际需求。需要院校与研制工业部门联合开发新型教学指挥信息系统，纵向上打通战区、战役方向、战术单元、交战单元信息链路，横向上与新装备及配套系统兼容、深度交链。同时，需要用于教学的新型作战力量指挥信息系统充分发挥新装备作战能力需求，满足为新型作战力量构设作战态势并提供战场目标信息、作战决策控制、作战效果评估等指挥演练需求。

（3）构建新装备部队融入联合作战体系的实战化演练环境。随着我军联合作战体系的构建，新型作战力量常态化开展实战化联合训练，对于试训基地的实战化演练环境需求不断提高。首要的就是要发挥战区联合训练资源统筹优势，按照联合作战"仗怎么打、兵怎么练"要求，针对战区作战需求设置演习内容，通过模拟器、计算机构造兵力，配齐空中及地面雷达、电抗、侦察等力量要素，构造复杂逼真的空袭态势和电磁环境，确保满足新型作战力量联合训练要求；需要推进构建满足新型作战力量体系化、实战化训练需求的综合训练场，以防空反导新型作战力量为例，新质武器装备的检验和新型作战力量的实战化演练，都需要研制仿隐身飞机、电子战飞机、弹道导弹、超声速巡航导弹、高超声速类目标、高性能无人机等新型靶标来构设实战化环境。此外，还需要建立实战化演练考评系统，按照权威、规范、科学的要求，明确指标构成、考评标准、数据支撑，为新型作战力量在试训基地开展实战化联合演练提供评估依据。

（四）新型作战力量训练方式需求

新型作战力量作战的高度综合集成使得各岗位设置精细，专业多、指向性强、人员基数小，需要设置相应不同专业进行针对性培养。特别是新型作战力量培训资源面临从无到有的建设过程，资源分散在试训基地、军队院校和新装备研制工业部门等多个领域，融合各方培训资源促进战斗力的生成，需要坚持分类指导原则，以建立"训学研"一体训练模式为抓手，创新训练方法和形式。

（1）需要发挥装备研制工业部门基础预训的作用。装备研制工业部门虽不是军事训练的主要参与者，但作为装备研发、生产的主体单位，其能够最先了解、掌握有关新装备的基础理论、操作使用方法等内容。引入研制工业部门力量，为院校教员、接改装部队教练员开展新装备基础预训，可大幅提升新型作战力量训练效率。可根据新装备型号，邀请研制工业部门型号总师和技术骨干人员到接改装部队，围绕新装备设计理念、作战使用等方面内容进行授课，并针对装备维护方法、操作使用等内容开展带训，将研制工业部门的优势资源充分吸收到新型作战力量训练工作中。

（2）需要发挥军队院校新型作战力量专业教育的主体作用。以院校为主要依托的基础理论和专业理论教育是新型作战力量训练资源中重要的组成部分，新型作战力量将新装备转化为战斗力的过程中离不开院校教育的支撑。院校实战化转型建设的核心关键是面向战场、面向部队，新型作战力量专业院校发展教学能力的同时，更多地需要向部队训练工作靠拢。这就需要相关专业院校以新装备成体系快速形成战斗力为目标，发挥院校多学科融合、技战术结合、多平台集成的综合优势，构建新装备基础理论教学到战勤技勤操作教学再到战术战法教学完整的基础理论教学体系，为培训接改装部队快速掌握新装备，形成战斗力提供支撑。此外，还需要相关专业院校通过多渠道，超前培养覆盖新型作战力量所需型号主战装备的新装备教学梯队。可以走出院校，赴接改装部队实地开展教学工作，指导接改装部队新装备训练工作，为新型作战力量快速形成新装备作战能力提供坚实的基础。

（3）需要发挥试训基地战斗力"孵化器"的作用。基地化训练是提升部队训练水平的重要手段，同时也是新型作战力量快速生成战斗力，融入联合作战体系的必要途径。新型作战力量需要通过试训基地这个"孵化器"，"孵化"出实战化联合作战能力。这就需要试训基地组织接改装部队参加实战化背景下的检验性打靶，以作战试验的方式进行打靶测试和训练，促使新装由试验转入作战，生成实战能力；同时，需要组织接改装部队参加试训基地主导的新型作战力量实战化背景的实弹演习，培训新型作战力量融入联合作战大体系的作战能力。此外，还需要组织接改装部队参加多军兵种联合作战演练，通过与其他军兵种开展训练，促进新型作战力量联合作战能力的生成。

二、新型作战力量训学研一体训练模式的基本组成

遵循新型作战力量建设发展规律，紧紧围绕推动国防和军队建设科学发展的主题以及着眼加快转变战斗力生成模式的主线，以大系统思维为统领，按照"深度协同、强强联合、优势互补"的行业联合思路，针对新装备研制到交付、新型作战力量组训能力建设到形成、新型作战力量部队组建到形成作战能力以及新型作战力量提质扩容的过程中的新型作战力量训练需求，提出了试训基地—军队院校—装备研制单位密切协作的训学研一体新型作战力量训练模式。

该模式由反映训学研一体训练模式内在机理的"三主体+三主线+三条链"构成。

（一）三主体

新型作战力量训学研一体训练模式，是聚焦新型作战力量从无到有、从有到强两个阶段的训练实际提出的新模式，其主体包括"训""学""研"三方，分别代表作战训练、人才培养和装备研发三个战斗力生成的关键领域。

（1）"训"方主体分为两种情况。一是在新装备部队形成作战能力之前，以试训基地为主体，通过装备试验、检验、训练，支撑装备研制单位研制生产出合格装备，保障装备与部队结合形成实战能力，支持军队专业院校教学骨干跟训学习。二是在新装备部队形成作战能力之后，"训"方转而以部队为主体，同时包含试训基地和各军兵种、战区的指挥机构、训练基地，纳入正常训练体系对新型作战力量存量人才进行训练，并对军队院校提出人才不断培养和对装备研制单位提出装备不断改进升级的需求。

（2）"学"方主体也分为两种情况。一是在新装备部队形成作战能力之前，以新型作战力量对应的军队专业院校为主体，开展新型作战力量人才成体系接改装培训，并为科研机构装备研发提供需求论证、作战概念设计和作战使用设计输入，为试训基地演练和部队作战使用、训练活动提供技术支持。二是在新装备部队形成作战能力、组训能力之后，新型作战力量训练纳入军队现有训练体系，"学"方需要按照不同层次开展新型作战力量高等教育、任职教育以及首任岗位任职培训、初级培训、中级培训等，故而扩展到承担新型作战力量各级、各类人员培训的军队院校。

（3）"研"方，是以装备研制单位（含高新技术企业、地方工业部门、科研院所）为主体。"研"方主要担负新型武器装备的论证、预研、设计、工程研制和生产任务，并为军队专业院校教学骨干超前学习新装备、编写新装备教材、建设新装备教学条件以及实施新装备作战使用专业培训提供支持，为试训基地及接装部队提供新装备技术支持和一定的装备知识以及基本操作的预先培训。

"训""学""研"三方共同担负着新型作战力量建设的职责，在新型作战力量建设的三个阶段分别发挥人才培养的特有功能，三个主体密切协作，实现了装备研发、人才培养和作战训练三个阶段紧密衔接、融会贯通，是训学研一体新型作战力量训练模式的组织基础。

（二）三主线

"三主线"是指"训""学""研"三方主体履行职能的"作战训练和作战试验线""人才培养线""装备研发线"三条纵向流程主线。通过三条职能线的有效耦合，实现三方主体职能的衔接，并将人才培养融入其中，达成"训学研"一体培养新型作战力量人才的目的。

（1）作战、训练和作战试验线。部队、战区和试训基地担负着作战、训练和装备试验、检验、使用的职能，也通过作战需求牵引、促进人才培养和装备研发。同时，在履行职能的过程中，需要军队院校、装备科研部门通过人才培养、装备研制和技术支援提供的支持。

（2）人才培养线。军队院校担负着军队专业人才培养的主责，也担负着军事理论、军事技术创新和服务部队的职能，既为部队、战区和试训基地提供人才支持，也为工业部门研发新装备提供新型作战概念、装备发展需求等方面的牵引，为设计师提供作战使用设计指导，甚至为企业新型作战力量民兵提供应急作战培训。同时，在履行职能的过程中，也需要为担负装备研发的工业部门提供技术支持，特别是新型武器装备教学建设的技术支持，乃至教学培训支援。

（3）装备研发线。装备研制单位是装备研发的主体，担负着新装备研制，在役装备技术改进升级、技术保障的主责，为军队专业院校、试训基地、新型作战力量部队能力建设提供装备技术支持。同时，在履行职能的过程中，需要军队院校和战区、部队为新型作战装备研发提供需求牵引，需要试训基地为装备试验、检验提供有力支撑。

三条主线各自闭环和相互耦合的流程，是新型作战力量装备从无到有、人才从无到有和战斗力生成，以及全寿命作战能力保持和提升的过程，训学研一体新型作战力量训练模式的外在形式。

（三）三条链

（1）人才需求链。新型作战力量源于新需求。作为"训"方的部队、战区和试训基地对作战能力的新需求，不仅体现在对作战概念、作战装备的新需求，还体现为对人才的新需求，是各类军事人才的需求侧。同时，"训"方还可发挥在国防科技和武器装备创新发展中的需求牵引作用,促进新技术向新型武器装备快速转化。

(2)人才供应链。新型作战力量着眼新能力。一流的人才是新型作战力量快速形成新能力的保障。军队院校是军事人才的供给侧,特别是新型作战力量相关的军队专业院校,对培养高质量的新型作战力量人才具有决定性作用。同时,军队专业院校为军队提供新型作战力量人才的同时,还为工业部门新装备研制提供需求牵引,为"训"方提供技术支援。

(3)装备人才支持链。新型作战力量的基础是新技术。作为新型武器装备研制主体的地方科技企业、地方技术院校、研究机构,不仅是新型作战力量武器装备的供给侧,也是新型作战力量装备人才培养的重要支持力量。激活装备研制单位的人才培养资源,最大限度实现民为军用,为军队提供新型人才培养和培养人才提供新技术支持,对缩短新型作战力量人才培养周期发挥着重要作用。

人才供应链、装备人才支持链,共同满足人才需求链。三条链围绕新型作战力量人才建设相互耦合、相互作用,共同构成新型作战力量人才培养的基本生态环境,促进新型作战人才培养质效的提升,反映了新型作战量人才培养需求引领、技术推动、人才支撑的内在规律,是训学研一体新型作战力量训练模式的内在机理。

三、新型作战力量训学研一体训练模式的典型特征

在上述基本考虑下构建的新型作战力量训学研一体训练模式具有以下典型特征,同时这也是新型作战力量训学研一体训练模式的一些构建说明。

(一)以人为本的目标型模式

新型作战力量训学研一体训练模式赋予训练模式构建以全新研究视角,聚焦新质作战能力生成全过程,依据新型作战力量从组建到作战能力生成的不同阶段的能力要求进行训练阶段划分,并根据不同阶段的训练目标所指向的能力构建相应的子模式。一改传统训练模式基本是围绕训练内容构建、训练方法选取开展,大同小异、乏新可陈的研究视角,突出模式构建过程中"人"这个战

战斗力生成的关键要素，聚焦以科技素养训练促新质新型作战能力升级，围绕军语中明确的军事训练目的，以提高人员新型作战力量相关能力素质以及部队整体行动能力为主线开展相关研究。

（二）多元交互的开放型模式

新型作战力量训学研一体训练模式遵循系统发展从封闭走向开放的规律，将"学"方和"研"方引入新型作战力量训练中，改变传统训练部队"训"方单主体的封闭模式，形成"训""学""研"三方主体共同发力的一体训练模式。该模式突破了以往训练模式将训练局限在任务部队内部的传统做法，将训练进行预置前伸，拓展到新型作战力量装备研制的源头，将"研"方的基础培训纳入；拓展到新型作战力量支撑资源丰富的军队院校，将"学"方的专业培训纳入。通过模式构建促使训练资源重新配置，可以有效缩短新质战力的生成周期。

（三）问题导向的任务型模式

新型作战力量训学研一体训练模式的一个重要特征就是问题导向，聚焦新型作战力量"从无到有"以及"从有到强"两个阶段新型作战力量训练所遇到的效益提升瓶颈问题开展模式构建。在新型作战力量"从无到有"阶段，根据新型作战力量装备的全生命周期重构训练流程，解决训学研三方如何一体发挥作用，促使训练资源、组训力量从无到有地组建，以支撑训练推动新型作战力量快速生成的问题。在新型作战力量"从有到强"阶段，根据新型作战力量作战能力生成规律，解决新型作战力量部队转入常规训练阶段后，训学研三方如何一体发挥作用促使训练效益提升问题。

（四）动态演进的发展型模式

新型作战力量训学研一体训练模式不是僵化的静态模式，而是动态演进的发展型模式。在"新型作战力量训练模式的概念阐释"中提到本书构建的新型作战力量训练模式是"通用+具体"即"1+N"模式，其发展性分别体现在以下两个方面：一是"1"的交互演进。通过图3.5可以看出，新型作战力量训练模式是在训练目标引导下构建的模式，而训练目标一方面受外在战略方针、训练环境等因素影响而变化，一方面又会根据模式运行反馈而进行动态调整，因此整个训练模式会随着训练目标的发展而产生随动演进。二是"N"的种类变化。

由于"新型作战力量"本身是个具有时代性的发展概念,因此其对应的具体模式也就是第二章中提到的新型作战力量训练模式本质特征下的变式必然也是随着时代发展而动态演进的。

（五）典型引路的拓展型模式

新型作战力量训学研一体训练模式是一个创新模式,作为理论创新必然要经历"模式提出—模式构建—模式验证—模式完善"的循环改进,是个从零开始的边创新、边实践、边完善的构建过程。因此在模式构建时,需要摒弃面面俱到的想法,先抓住新型作战力量及其训练最本质的规律,抽象出能够代表新型作战力量训练特点的典型结构作为通用模式,进行典型引路。在通用模式验证成熟后,按照先急后缓、急用先建原则遴选重点领域开展具体模式建设,后续逐步拓展至其他领域并跟进搞好迭代更新。

第三章　新型作战力量训学研一体训练模式的总体设计

新型作战力量作为世界各主要军事大国竞相布局的战略制高点，对于塑造态势、管控危机、遏制战争、打赢战争以及捍卫国家主权、安全、发展利益，具有重大的战略意义。近年来，随着我国国防和军队调整改革的实质性推进，我军新型作战力量建设迈上了新台阶，但随着将新型作战力量武器装备建设效益转化为新质作战能力的训练过程的展开，暴露了一些亟待解决的矛盾和问题。为此，本书基于新型作战力量及其训练的本质规律的研究，提出整合"训""学""研"多方训练资源的新型作战力量训学研一体训练模式，期冀能为我军新型作战力量训练体系建设提供参考范式及发展蓝本，在新的起点上为我国国防和军队建设转型发展提供有力支撑。

第一节　新型作战力量训学研一体训练模式的理论依据

新型作战力量训练模式不单单是一个主观的模式选择及构建，更是基于对新型作战力量训练特点规律的把握之上、遵循客观规律开展的构建活动。在这一活动中，也会受到经济学、哲学、社会学、管理学等成熟学科理论的影响，明晰这些理论基础并加以运用，有助于提升新型作战力量训练模式构建活动的科学性和学理性。

一、经济学视角——基于共赢理论的训练模式价值取向

传统经济学观点认为，企业存在的目的就是利润最大化[①]。在这一观点的指引下，很多学者认为，社会责任和经济利益是一个零和问题，之间的关系属于

[①] 曹沁颖. 实现双赢的"蛋糕经济学"[N]. 证券时报，2022-05-19.

此涨彼消、此亏彼赢，如果要承担社会责任，则必然损害自身利益。对此，伦敦商学院金融学教授亚历克斯·埃德蒙斯在他的《蛋糕经济学》一书中，提出了"共赢"的概念，指出当企业单纯追求利润最大化时，往往求而不得，但当以做大社会价值（也就是做大蛋糕）为宗旨时，利润最大化却像副产品一样出现，从而实现了商业利润和社会责任的双赢。

新型作战力量训学研一体训练模式部队及试训基地（训）、军队院校（学）、装备研发单位、科研院所和高新技术企业（研）为了实现共同的训练目标而形成的协作活动，既是教研型的训练活动，又是训练型的教研活动，是科研、教学、训练不同分工系统在功能与资源优势上的协同与集成化。在这种协作关系中，训学研三方本着优势互补的原则，充分发挥各方的资源优势，在共同目标指引下形成相互依赖的合作关系，以新型作战力量武器装备为载体，促进其生命全周期的研发上游、培训中游、应用下游有机地对接与融合。这个过程中，必然也会涉及经济学中"商业利润"（训学研各方自身的发展）和"社会责任"（新型作战力量战斗能力生成和我军一流军队建设目标）两者之间的冲突协调。因此，新型作战力量训学研一体训练模式在构建时需要平衡"训""学""研"各个主体的利益要求，而不是单纯地追求新型作战力量作战能力生成的目标。要以共赢为价值取向，以确保训学研多方受益为标准，来获取模式持久运行的动力，最终实现该模式的可持续发展。

基于以上，将"共赢"作为新型作战力量训学研一体训练模式构建的价值取向，即"衡量价值大小的基本看法"[①]，应抓住那些"训""学""研"单方面、建制内组织训练难以解决的问题，发挥各方主体优势来联合、融合、整合资源从而产生训练质效增量，促成训练问题有效解决，最终达到训练目的，实现多方共赢。比如，新型作战力量最重要的特征之一就是体系赋能，装备研制单位要使装备性能达到最佳需要在作战要素集成、作战单元合成和作战体系融合等基于信息系统的高层次整体训练中进行验证，单纯依靠每年全军组织的演训活动存在计划周期长、费用消耗大等问题，可以依托试训基地试验条件开展模拟

---

① 蒋建洲. 发展性教育评价制度的理论与实践研究[J]. 湖南师范大学出版社，2000(11)：15-17.

演练，而试验训练基地也可以通过演训活动开展不断完善其条件建设、人才队伍建设，这种双方都获利的情况可以有效调动参与新型作战力量训练的积极性，形成双方内在动力，从而有效支撑训练活动开展。

二、哲学视角——基于发展哲学的训练模式基本特征

发展哲学是马克思主义发展观的深层架构，为历史唯物主义与社会实践的结合提供了一个切入点[①]，属于社会发展理论的最高层次。发展哲学的缘起是针对人类社会出现的"发展问题"，人类要解决这些问题、克服这些问题带来的困境，就依赖于哲学思维的理论关照和理性反思。因此，发展哲学是对旧的不协调的、不可持续的发展观及发展模式的扬弃，是人们使用系统的方法、一定的高度和理性的角度乃至切入点对发展问题的逻辑解答[②]。习近平主席强调"新型作战力量代表着军事技术和作战方式的发展趋势，是战斗力新的增长点"[③]，充分印证了新型作战力量的发展性，因此新型作战力量训练模式也应具备发展性的典型特征。中央党校马克思主义学院从事发展哲学研究二十余载的邱耕田[④]教授指出，新发展观和新发展模式应具有以下基本特征：

（1）人本性特征。马克思指出："任何人的职责、使命和任务就是全面地发展自己的一切能力"[⑤]。发展哲学指导下的模式构建将"以人为本"作为其最根本特征，目的是使人的体力和智力上的各种潜能得到充分的发挥，实现人的全面发展。对于新型作战力量训练模式而言，其同样是围绕"以人为本"展开。一方面，通过军事技能教练和军事行动演练提升参训者的军事素养，促进人与武器装备的紧密结合；另一方面，通过军事理论教育和军事职业教育提升参训者的科学素养，提升人对武器装备的认知力、运用力。

（2）整体性特征。从新发展观的角度来看，模式构建注重的是各个领域的整体推进、协调发展，其对"发展"的判定是依据综合指标而不是单一指标，

---

① 邱耕田. 深入推进发展哲学研究[N]. 人民日报，2018-07-23.
② 邱耕田. 发展哲学——21世纪的主导哲学[J]. 中国人民大学学报，1999(1)：37-42.
③ 袁华智. 加紧推进新型作战力量建设[N]. 人民日报，2018-02-04.
④ 邱耕田. 发展哲学是关于发展观的学问[J]. 哲学动态，1998(2)：20-22.
⑤ 马克思. 《资本论》第一卷[M]. 北京：人民出版社，2004.

依据的是各子系统之间的协调程度而不是单个系统的成熟程度，追求的不是局部的、暂时的效益，而是整体的、长远的可持续发展。新型作战力量训练模式尤其突出该特性，是将新型作战力量战斗力生成过程中的各利益相关方通盘纳入进行考虑的整体模式，是以部队和试训基地为主体的"训方"，以地方工业部门、科研院所、高新技术企业为主体的"研方"和军队院校为主体的"学方"在共同目标牵引下协调发展的一体模式。由于三个主体分别都有自己的垂直管理体系，要将其进行横向贯通，必然会引起由制度变革、流程重组等带来的一系列暂时的不适，牺牲一些局部的利益，但发展的趋势是难以逆转的，必然会趋向达到一种可持续的平衡，实现整体训练效益的最优化。

（3）内源性特征。发展是前进的、上升的运动，其根源是事物的内部矛盾，即所谓内源性或内生性特征。新型作战力量训练模式发展的力量源泉根植于新型作战力量自身发展与现有传统训练模式之间的矛盾，随着我军新型作战力量建设体系的逐步成熟，传统训练模式逐渐暴露出一些弊端阻碍了新型作战力量的进一步发展，新型作战力量其自身前进的发展规律决定了其必将选择一种适合自身特质的、有益于新质战力生成的模式。这个选择过程也是模式构建的探索过程，符合马克思主义的发展观，即"前途是光明的、道路是曲折的"，这既是主观选择亦为客观规律。

（4）开放性特征。马克思主义唯物辩证法认为，世界是普遍联系永恒发展的，事物越发展，事物之间的联系也越密切、越复杂多样。这种事物与事物之间愈发紧密的联系，导致事物的发展将越来越多地受到周边关联事物的影响，最终使事物从封闭走向开放并呈现一体化趋势。比如促成了人类社会的世界一体化、经济全球化并形成了人类命运共同体。在这种一体化趋势的大背景下，作战力量的生成也对前沿技术有了越来越多的路径依赖，而前沿技术一般发轫于实验室、研究所和高新技术企业，源于对技术突破和经济利益的极致追求，这就形成了军地间的密切联系。因此，在这种客观规律的驱使下，新型作战力量训练模式也要改变传统训练模式封闭特性走向开放，让更多相关主体参与进来，提升训练整体效益。

三、社会学视角——基于三螺旋理论的训练模式策源力

三螺旋理论缘起于生物学领域,最初是用来模式化基因、组织和环境之间的关系[1],随后被拓展运用于高等教育领域,用来分析大学、产业和政府之间的关系[2]。将三螺旋理论引入我国高等教育研究的周春彦[3]认为,三螺旋的主体之间密切合作、相互作用,但都保持各自的"独立身份",这种关系用图3.1来解释。U、I、G分别代表大学、产业和政府,实心圈代表其功能内核,是相对独立的,三者分别有各自的主要职能;虚线圈代表其功能外场,是有交叉渗透的,在这部分重叠区域里,每个机构又表现出其他两个机构的能力,形成了知识领域、行政领域和生产领域的三力合一。同时,三螺旋呈现纵向进化和横向循环的特性。所谓纵向进化是指在时间尺度上,每一股螺旋都在积极谋求自身发展,呈现出进化形态;横向循环是指在时间剖面上,大学、产业和政府形成了三者之间的宏观循环以及各自内部的微观循环,具体如图3.2所示。

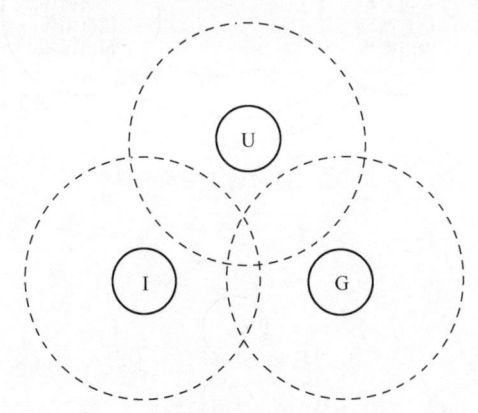

图 3.1 三螺旋场相互作用模型

新型作战力量训学研一体训练模式可以看作三螺旋理论在新型作战力量建设领域中的应用。在该理论指导下,"训""学""研"三方在履行各自主体职能

---

[1] 匡维. "三螺旋"理论下的高等职业技术教育校企合作[J]. 高教探索, 2010(1): 115-119.
[2] 亨瑞·埃茨科威兹. 国家创新模式——大学、产业、政府"三螺旋"创新战略[M]. 北京: 东方出版社, 2006.
[3] 周春彦, 亨瑞·埃茨科威兹. 三螺旋创新模式的理论探讨[J]. 东北大学学报(社会科学版), 2008(7): 300-304.

任务的同时，在功能外场根据新型作战力量训练需求突破主体之间的利益壁垒进行相互协作，如图3.3所示。其中的阴影部分即主体功能外场的交叠区域，在这一区域内，"训""学""研"三方通过作战训练、人才培养、装备研发等活动中人才、技术、条件等资源要素的深度交换与融合，使得主体间在功能和结构方面呈现出"螺旋上升"的创新溢出效应[①]，这就形成了训学研一体模式的基础，使得"训""学""研"三方职能交叠区域成为训学研一体创新模式的策源地。

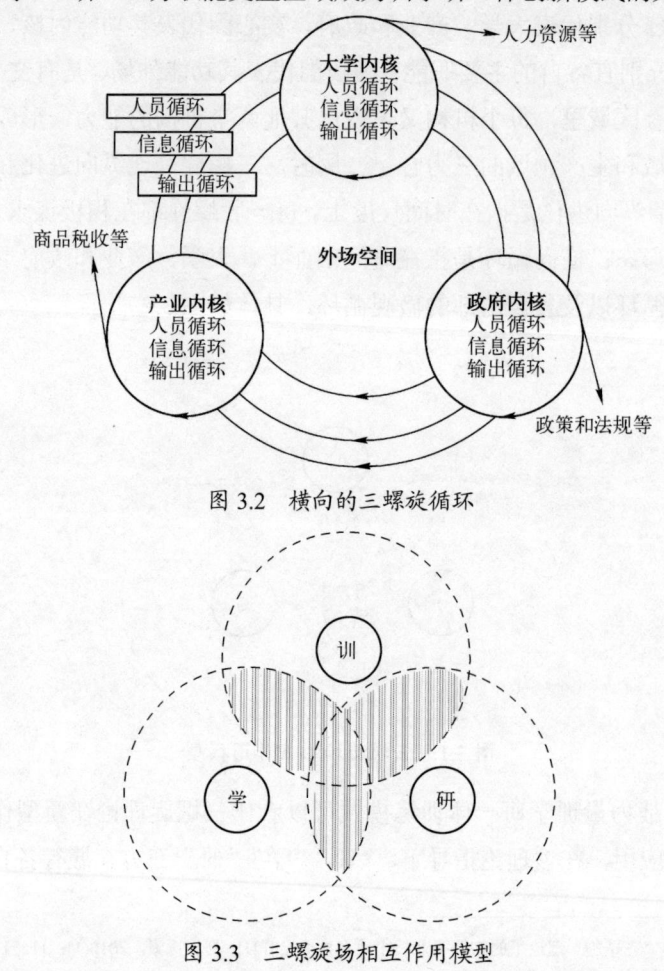

图3.2　横向的三螺旋循环

图3.3　三螺旋场相互作用模型

---

① 蔡翔，赵娟. 大学—企业—政府协同创新效率及其影响因素研究[J]. 软科学，2019(2)：56-60.

第三章 新型作战力量训学研一体训练模式的总体设计

根据三螺旋理论，主体之间相互作用的动因来源于三者之间的要素循环，如图3.4所示。新型作战力量训练模式的"训""学""研"三主体之间通过形成"人才培养""作战训练""装备研发"横向循环，来保证其共同利益和共同目标的达成。也就是说，要素的输出是形成循环的前提条件。譬如，如果研方没有输出新型作战力量武器装备，训方、学方不会对其产生装备培训需求，研方就会被排除在循环之外，只会在训、学两方形成军队体系内部新型作战力量人才供给侧和人才需求方的双螺旋小循环，对于训方、学方同理。因此，新型作战力量训学研一体训练模式产生于训方、学方、研方在新型作战力量训练中主体职能的重叠部分，并通过人才、装备、训练的循环得以维系。

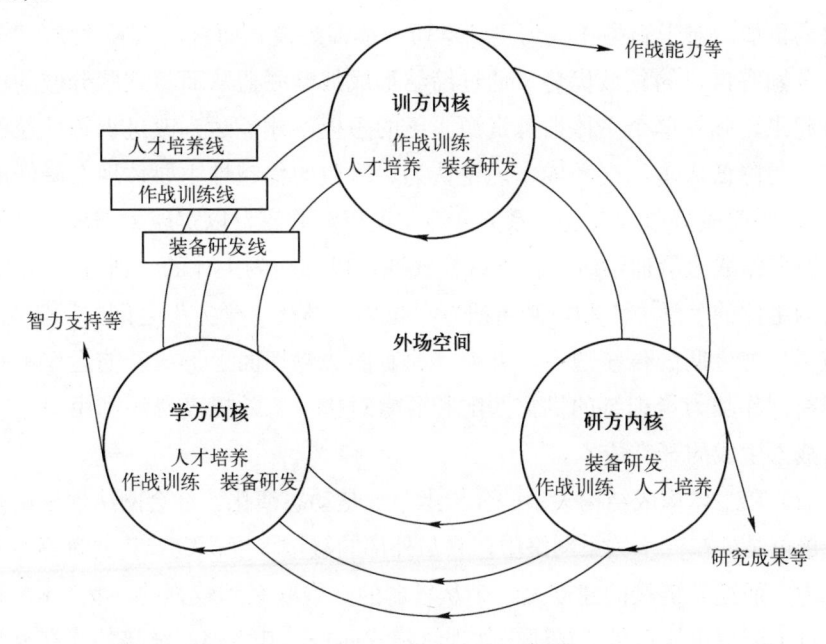

图3.4 横向的训学研三螺旋循环

四、管理学视角——基于战略联盟理论的主体关系营造

战略联盟是为了达成共同的战略目标，通过各种契约而结成的组织形式，

而战略联盟理论是对联盟主体间关系进行阐释的一系列理论。根据战略联盟的最新研究成果[①]，其主体应具备以下特性：一是具有共同的战略目标；二是各成员具有战略自主性，非附属关系；三是成员间开展有限合作，可能合作仅限于某一领域或某一方面，并非全方位的；四是成员间具有共同的协议；五是成员间优势互补。因此，新型作战力量训学研一体训练模式中"训""学""研"三方是典型的战略联盟关系，适用于战略联盟理论的指导。

（1）在主体形成联盟关系的归因上：**一是主体互补**。知识和组织学习理论认为，知识爆炸的时代，主体想要完全获得自身发展所需显性及隐性知识，单凭一己之力已非常困难，知识的合作生产成为重要的模式[②]。只有通过外部资源引入，形成与内部资源的互补，才能形成"共生放大"效应，最终创造出协同价值。对于新型作战力量训学研一体训练模式而言，"训""学""研"三方分别有自己的领域优势，通过缔结形成战略联盟从而将这些分散的优势整合起来，弥补单个主体训练资源匮乏的短板，才能达到改进训练效益的目的。**二是降低成本**。交易成本理论认为，联盟的优越性主要体现在降低成本方面[③]，联盟成员通过多边关系的营造实现资源共享，以实现生产成本的最小化。新型作战力量训学研一体训练模式通过以部队为主体的"训方"、以军队院校为主体的"学方"和以装备研制单位为主体的"学方"之间的同盟缔结，打破了三方之间的传统边界，并在其原有的边界切面上形成新的运作机制，实现新型作战力量训练的供需匹配和要素对接，有效提高资源利用率，降低新质战力生成的开支成本。

（2）在主体构成结构关系的分析上：**一是动态演化**。社会网络理论认为，社会单位是处在一个关系网络中，它与外部的链接程度决定着其创新等各方面的能力，而通常链接的建立是一个从较弱的二维联系到较强的网状结构[④]的过程。对于新型作战力量训学研一体训练模式而言，其主体间链接的建立也要遵

---

① 张新启，吴雪萍，等.产业技术战略联盟稳定性研究评述[J].科技管理研究，2022(8)：119-124.
② 吴松强，郑垂勇.基于知识和组织学习理论的技术联盟形成研究综述[J].商场现代化，2009(3)：30.
③ 徐飞，徐立敏.战略联盟理论研究综述[J].管理评论，2003(6)：12-18.
④ Dyer J H,Nobeoka K.Creating and managing ahigh-performance knowledge-sharing network:The Toyota case[J]. Strategic Management Journal，2000.21:345-367.

循该规律,不是一个一蹴而就一次成型的固定模式,而是一个以点带面、循序渐进的动态演变过程,通过其链接关系的不断创新,形成各主体之间更为有利的"结构性优势"。**二是流程再造**。业务流程再造是出于原本生产模式或管理体制的不合理导致的效率低下[①],通过对流程的重新塑造,实现主体关系的重构,进而对资源进行结构性调整。新型作战力量训学研一体训练模式是针对当前新型作战力量训练现状与新质战斗力快速生成的训练需求不匹配而提出的,是为了解决现有训练模式不能完全适应新型作战力量发展需要的问题。构建"训""学""研"多主体的战略联盟,必然会引起训练流程的整体重塑,而这种涉及多主体的结构性重塑必然伴随着资源的重新配置,当这些互补性的异质资源满足各个训练主体诉求后,联盟的稳定性也随之增强,形成真正意义上的利益共同体。

第二节　新型作战力量训学研一体训练模式的构建原则

新型作战力量训练作为新型作战能力生成的根本途径,其训练模式直接关乎新型作战能力生成的质量和效益。必须坚持高起点谋划、高标准实施,围绕新型作战力量训练最本质的特征规律,抓住制约新型作战力量作战能力生成的主要矛盾和问题,积极创新新型作战力量训练模式,使之成为完善新时期军事训练体系的重要环节,解决新时期军事训练难题的有效措施。具体在认识和实践上,应把握好以下几个方面的原则。

一、以军事训练政策法规为依据

新型作战力量训练作为军事训练的子类,需要遵守军事训练的相关政策,进而其模式构建应在我军相关军事训练法规制度的框架下组织实施。具体来讲,应该遵循以下几类政策法规:一是中央军委和军事训练职能部门颁发的相关政策制度。近年来,随着我军新一轮军队调整改革迈入实质性进展阶段,一系列

---

① 周天松. 高等职业教育战略联盟协同绩效研究[D]. 武汉:武汉理工大学,2019:28.

军事训练基本法、母法相继出台，立起了新时代我军军事训练制度的四梁八柱，这些都为新型作战力量训练模式构建提供了政策依据。二是要依据习近平主席关于军事训练的相关指示。习近平主席高度重视军事训练，将其作为贯穿全程的中心工作常抓不懈，其中亦多次提到关于新型作战力量训练，例如在历年开训动员令中多次提及"新装备新力量新领域训练"，在全军战略战役集训等系列重要讲话中也对新型作战力量训练成效提出相关要求，这些重要指示为新型作战力量训练模式构建提供了基本遵循。三是要依据重要会议的会议精神。近年来，我党我军召开了一系列把关定向的重磅会议，如党的二十大、中央军委军事训练会议等，会议内容事关发展方向，其中涉及军事训练的部分为新型作战力量训练模式构建提供了方向指引。

二、以新质作战能力生成为目标

训练模式是对训练形式规律的反映，它服从于训练目标，无论何种训练模式，训练目标都是核心，它既是确立训练模式的出发点，又是检验训练模式的终结点，其导向和牵引作用贯穿于训练模式组织开展的全过程。因此，新型作战力量训学研一体训练模式构建应紧紧围绕新型作战力量作战能力生成这一目标，将其分解成递进关系的几个层次目标，以判定整个训练模式的良莠性。第一层面是目标的效果，即是否能够通过训学研一体训练模式构建，实现新型作战力量作战能力生成这个目标；第二层面是目标的效益，即通过训学研一体训练模式构建，是否能够使得实现新型作战力量作战能力生成这个目标的费效比最低。费效比作为效益理论的核心概念，在此处的意义就是新型作战力量相关建设资源投入与新型作战力量作战能力生成成效的比值，只有当投入的资源越少、生成的成效越高时，训练模式构建所获得的费效比越低、效益越大，该训练模式的构建就越成功，反之，证明该训练模式的构建是有缺陷的，这也是从经济学视角对新型作战力量训练模式成功与否的判定；第三个层面是目标的效率，由于新型作战力量具有快速迭代性，训学研一体模式构建需要着眼作战能力生成的周期速度，新型作战力量训练越快达成新质战斗力生成的目标，模式运行的效率越高，模式产生的军事效益就越显著。

三、以体现科技主导作用为灵魂

习近平主席强调,"要加强军事理论创新,善于从科技角度研究战争、设计战争、部署战争,发挥好军事理论对我军建设的支撑引领作用。"在这一重要指示精神的引领下,如何从科技视角深化未来战争和作战训练问题研究,开拓作战训练新方法新模式,推动引领军事理论创新发展,成为近年来军事领域的热点研究问题。对于新型作战力量而言,其最鲜明的特质就是战争+科技双驱动。因此在训练模式构建时,尤其要注重将科学技术这一灵魂贯穿其中,嵌入训练方法手段、训练筹划设计、训练运行管理等方方面面。只有牢牢抓住科技主导作用这一灵魂,针对军事训练开展前瞻性研究和战略性布局,才能在未来战争中下好"先手棋"。尤其对于我国而言,正处在由大向强的关键转型期,面对世界头部强国的战略围堵打压,新时代赋予了人民军队"四个战略支撑"的使命任务,针对强敌企图通过新一轮"抵消战略"开展以技术优势保持军事优势,我们必须牢牢抓住"科技"这个弯道超车的利器进行反制,通过科技赋能新型作战力量训练,实现新型作战力量跨越式发展,增强非对称制衡能力,为民族复兴提供坚强的军事后盾。同时应正视,与强敌相比,我军从科技角度设计新型作战力量作战训练,还存在部队整体科技素养不高、多学科交叉研究机制不健全、科技龙头作用发挥不够、试训体系还未真正建立等问题,这些也都是新型作战力量训学研一体训练模式在构建时需要关注和解决的。

四、以推进整体统筹为基本路径

从当前院校和部队训练的实际情况来看,以往存在的院校缺乏新型作战力量技术、装备、战法训练条件,部队缺乏新型作战力量技术、装备、战法训练力量等问题尚未完全解决,同时又面临着新型作战力量技术的跨界融合越来越复杂、新型作战力量装备的更新周期越来越迅速、新型作战力量战法的运用需求越来越急迫等新情况,原有训练模式已经无法满足"三化"融合发展的时代要求和作战样式、作战方法变化发展的客观要求。应充分发挥"训"方、"学"方、"研"方在新型作战力量训练资源上的优势,以推进整体统筹为基本路径,开展新型作战力量训练模式构建。要突破院校单独组织新型作战力量教学、部队单独组织新型作战力量训练、科研院所、地方工业部门和高新技术企业单独进行新型作战力量装备研制的条块分割的业务功能切分,在三螺旋理论指导下,寻找训学研三方的业务交叠区域,从中挖掘"一体"开展新型作战力量训练的基础。在新型作战力量训学研一体模式的整体统筹下,争取以最少的资源投入和时间成本,通过训练实践促成新型作战力量技术和装备尽快发挥应有效能,促进战法训法体系的不断完善和滚动发展,整体提升新型作战力量作战能力,为打赢未来信息化、智能化局部战争奠定坚实基础。

第三节 新型作战力量训学研一体训练模式的整体框架

在第二章概念界定部分,指出新型作战力量训练模式是"为达成新型作战力量训练目标而形成的新型作战力量典型训练组织实施结构样式和运行范式",即新型作战力量训练模式是新型作战力量训练组织实施结构样式和运行范式的具体体现。而在具体的训练目的、内容、方法和条件下,任何一个训练过程都会呈现出一定的结构性和流程性。所谓结构性是指不同的训练主体之间、训练主体与训练客体之间产生的联结,也就是支撑模式的框架;流程性是指这些主体与主体、主体与客体间联结的方向和顺序,在结构和流程的不同排列组合下,就会形成许多不同的训练模式。正是由于这些众多训练模式的存在和发展,推动着训练理论和实践的不断革新。新型作战力量训学研一体训练模式作为新型作战力量训练模式中的一种,它企图通过科学设计训练主体之间的组合结构和过程程序来达到最优实现新型作战力量训练目标的目的,这个"最优"具体来讲就是使用最少的资源、花费最少的时间,取得最佳的训练效益。

一、新型作战力量训学研一体训练模式的基本考虑

(1)在训练主体的选择上:由于新型作战力量具有高技术属性,与地方工业部门、科研院所铰链紧密,特别是诸如网络空间作战、人工智能、量子科技、太空攻防之类的新型作战力量对民用技术以及民间力量具有前所未有的高度依赖性,是认知域、物理域、信息域和产业域等综合构成的整体域,亦是军地共

建、军地共用和军地共享的融合域。因此，需要以大系统思维为统领，按照"深度协同、强强联合、优势互补"的联合思路，改变传统训练仅依赖于军队体系内部开展军事理论培训和军事技能教练的内循环模式，建立"大训练观"，将有效支撑新型作战力量作战能力生成的活动纳入，充分发挥院校和高技术主体的智力及科技资源优势，依托"训""学""研"多方训练主体走"科技+战争"双驱动的外循环训练模式，提升训练科技含量，这也是落实军地一体化发展战略的有效抓手。

（2）**在训练结构的设计上**："训""学""研"多方训练主体的引入必然引起现有的部队单极的训练结构发生改变，并在多方训练主体与其他方发生联系相互作用的过程中衍生出新的训练结构。随着新型作战力量中科技含量以及人才作用显著提升，新型作战力量训练的关注点从注重军事体能技能转向军事和科技素养的训练，进而相应的新型作战力量训练结构的重心从侧重部队训练转向院校教育、部队训练、军事职业教育并重。因此，新型作战力量训学研一体训练模式在训练结构设计上，是以"训""学""研"三方训练主体为原点、以新型作战力量全生命周期为主线，以院校教育、部队训练、军事职业教育等为结构要素的全新训练模式。

（3）**在训练流程的设计上**：在第二章对新型作战力量定义及规律梳理时，得出新型作战力量"战争+科技"双驱动以及对应的"需求引领律""技术推动律"两条基本规律。其中，"需求引领律"主旨是新型作战力量的出现是由战争需求引领驱动的，面对体系更加复杂、变化更加迅速的未来战争，虽然技术的进步会使战场态势变得清晰，但同样也会衍生很多不确定性，让战争发展走向不明。这就要求新型作战力量训练模式在构建时，要着眼缩短战斗力生成周期，通过训练结果反馈不断进行训练目标的修正，进而调整训练组织实施方式和内容，这种边训边改、快速试错、快速迭代的演进过程是新战争形态要求新型作战力量训练模式所具备的，亦是整个训练体系的自成长性。"技术推动律"主旨是新型作战力量的出现是由技术变革驱动的，而随着科学技术的发展，"理论—设计—研制—试验—生产"的科技成果转化周期在不断缩短，从19世纪的数十年到 20 世纪的十年左右[①]。近年来，随着信息以及智能技术的突飞猛进，军事领域前沿技术的应用根据摩尔定律、库梅定律等周期已达到以年记，新技术催生新型作战力量的诞生，技术的飞速发展让每代作战装备的发展间隔变小，同代装备的更新升级变快。此外，相较于传统装备更新换代、大幅改进、少量次数的升级模式[②]，新型作战力量呈现出小幅更新、持续改进、能力跃迁等特点，这些都要求形成快速迭代的训练模式，使得新型作战力量武器装备"边训边改、愈战愈强"，通过不断磨合迭代输出新质战斗力。综上所述，在新型作战力量训学研一体训练模式的流程设计上，一方面要注重其快速迭代性，缩短新质战斗力生成周期；另一方面要注重其支持、反馈、服务等特殊流程的构建。

二、新型作战力量训学研一体训练模式的框架设计

模式框架是模式整体设计的直观体现，是为了实现总体目标而把其各个组成要素和部件以一定的逻辑关系串联起来而形成的一种样式。在对新型作战力量及其训练的本质规律充分认识的基础上，遵循新型作战力量训练模式构建原则、结合新型作战力量训练实际，构建了新型作战力量训学研一体训练模式的总体框架，具体如图 3.5 所示。从图 3.5 中可知，该模式是以新型作战力量训练目标为引领、以新型作战力量模式运行为支撑的"1+N""两阶段""三主体"新型作战力量训练模式，具体阐释如下。

（1）"1+N"。根据定义，模式是能够反映某一事物本质属性的抽象化样式，并表达不同事物之间的差异性。通过本书第二章对新型作战力量概念的剖析可知，新型作战力量种类繁多、形态多样，其所对应的训练必然也是不尽相同的，但训练模式就是把"新型作战力量训练"这一研究对象的一些次要细节、非本质的联系舍去，从而以简化的形式再现新型作战力量训练的各种复杂结构、功能和联系。因此，对于各种形式的新型作战力量训练，可以抽象出同一样式的训练模式来反映新型作战力量训练本质属性，这也从另一侧面反映了军事训练各种实践活动之间的关联性与差异性。"1+N"中的"1"就是能够反映新型作

---

① 刘家树，齐昕，等. 创新链集成视域下科技成果转化模式研究[M]. 北京：人民出版社，2018.
② 张旭辉. 智能化战争中的下一代武器系统形态构想[J]. 导弹与航天运载技术，2021(2)：1-4.

第三章　新型作战力量训学研一体训练模式的总体设计

战力量训练本质属性的通用模式，也是本书的重点研究对象，"N"是具体的新型作战力量类别，如无人作战、人工智能等，是通用模式基础上的拓展模式，是"事物因自身的发展和所处环境条件的不同而发生结构性变化，并形成基本机构相同而具体式样不同的多种变式"[①]。

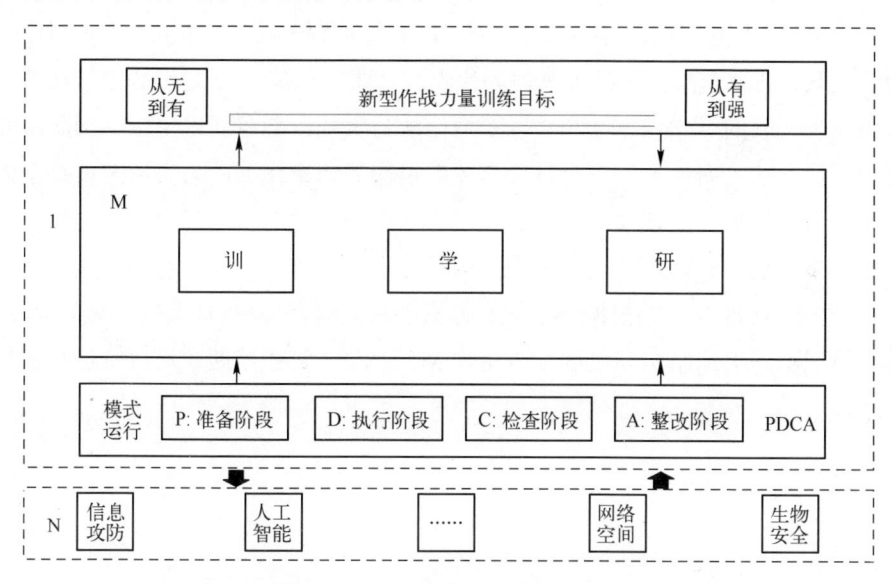

图 3.5　新型作战力量训学研一体训练模式总体框架

（2）"两阶段"。根据新型作战力量生命全周期中作战能力生成目标的不同要求，将新型作战力量训练划分成两个阶段进行研究，**第一阶段是新型作战力量从组建到形成初始作战能力阶段**。这一阶段对应的是新型作战力量武器装备经过研发生产并投入使用后，首先列装的作战单位作为"种子部队"通过训练形成初始的作战能力的过程，标志着以该型装备为支撑的新型作战力量实现了从无到有的跨越。这一阶段是在训、学、研三方共同作用下，新型装备、新型力量及其训练内容、训练方法、训练条件等关键要素从无到有且有机融合的过程。这一阶段对应的具体模式将在本书第四章进行展开研究。**第二阶段是新型作战力量初始作战能力形成后对作战能力进行巩固和提升的阶段**。这一阶段对

---

① 任连生. 基于信息系统的体系作战能力概论[M]. 北京：军事科学出版社，2010.

应的是新型作战力量"种子部队"初始作战能力形成后，作战力量扩容、作战能力提质的过程，标志着以该型装备为支撑的新型作战力量实现了从有到强的进阶发展。这一阶段是在训、学、研三方共同作用下，促进新型作战力量作战能力提升的过程。这一阶段对应的具体模式将在本书第五章进行展开研究。

（3）"三主体"。新型作战力量训学研一体训练模式的主体由"以新型作战力量部队、新型作战力量试训基地为代表的'训'方""以新型作战力量相关军队院校为代表的'学'方"和"以新型作战力量武器装备研发单位、国防工业部门为代表的'研'方"三个直接支撑新型作战力量作战能力生成的训练主体构成。新型作战力量训学研一体训练模式的核心也是对在这三个训练主体主导下对新型作战力量训练活动的组织结构和过程程序的探讨，三者间的关系对应图 3.5 中的 M 部分，并根据新型作战力量"从无到有""从有到强"两个阶段，其会呈现不同组织结构和过程程序变式 M1、M2，将在第四、第五章进行具体论述。

第四章　新型作战力量"从无到有"阶段训练模式构建

新型作战力量"从无到有"阶段对应的是新型作战力量武器装备经过研发生产并投入使用后，首先列装的作战单位作为"种子部队"通过训练形成初始的作战能力的过程，是新型作战力量全生命周期中重要组成部分。根据第三章中对新型作战力量训练模式的整体设计，本章主要开展新型作战力量"从无到有"阶段的分模式研究，其遵循图 3.5 的整体结构，着重对图 3.5 的 M 部分"训""学""研"之间结构和流程关系进行建构，为 M1 分模式。通过本章的研究，力图厘清在新型作战力量"从无到有"阶段，"训""学""研"三方主体如何一体发挥训练功效，支撑新型作战力量初始作战能力生成。

第一节　新型作战力量"从无到有"阶段训练模式的设计

新型作战力量"从无到有"阶段训练模式是新型作战力量训学研一体训练模式的重要组成部分，是在其整体框架下开展的阶段性具体训练模式构建，是在该阶段训练目标引领下训学研三方一体发力的典型训练组织实施结构样式和运行范式，总体设计如下。

一、训练目标

由于训练模式是受训练目标牵引并围绕训练目标展开的，因此，训练模式构建的首要问题是确定训练目标。根据新型作战力量训练模式的整体设计，该训练模式构建以能力生成为主线，本阶段的训练目标是快速形成新型作战力量初始作战能力。

依据军语权威释义，军事训练以"提高人员军事素质和部队整体行动能力"为目的，因此本书将"新型作战力量作战初始能力"分解为"个人+整体"两个层面：一个层面是个人的新型力量作战能力素质；另一层面是部队整体的新型力量作战行动能力。需要明确的是，由于该阶段注重的是新型作战力量初始作战能力的快速生成，是针对新型作战力量种子部队快速组建并生成作战能力需求开展的应急或专项训练，对应到个人能力素质层面也就是先快速解决新型作战力量装备知识和操作技能等外显能力的达成，即主要针对新型作战力量作战能力中的基准性能力（Threshold Competency）。基于此，本书引入美国学者麦克里兰和斯潘塞提出的著名的能力素质冰山分类模型（图 4.1），新型作战力量"从无到有"阶段对应的是水平面以上能力部分的训练。

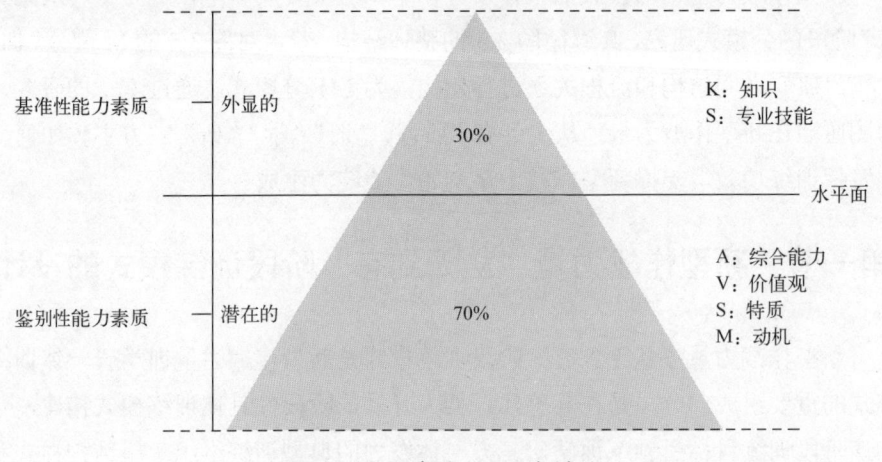

图 4.1　能力素质冰山分类模型

基于以上考虑，本书将该阶段训练目标拆解成新型作战力量相关的"个人知识和技能"以及"部队整体行动能力"的生成，并找出各自对应的能力生成途径和主要依托，形成了"自顶向下分解，自底向上聚合，上下驱动耦合"的新型作战力量训练目标体系，如图 4.2 所示。从该图可以看出，新型作战力量初始作战能力生成是一个渐进的能力进阶过程，由"研方""学方""训方"分别开展"装备预训""专业培训""体系试训"实现，这也奠定了本章的研究思路和架构。

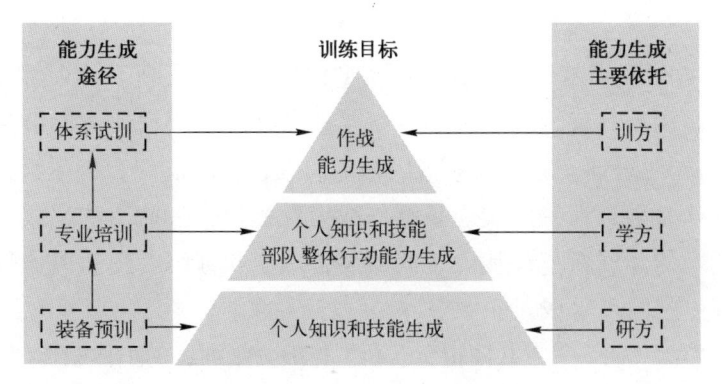

图 4.2 新型作战力量从无到有阶段训练目标体系

二、训练主体及职能

新型作战力量训练主体是整个训练模式结构关系的出发点，亦是形成训练模式的组织基础。针对新型作战力量从无到有并形成初始作战能力阶段提出的训练模式，其主体包括"训""学""研"三方，分别代表作战训练、人才培养和装备研发三个战斗力生成的关键领域。

"研"方以装备研制单位为主体，在新型作战力量训学研一体训练模式中的主要职责是利用其科技前沿优势，结合所担负新型武器装备的论证、预研、设计、工程研制和生产任务，为军队院校教学骨干超前学习新装备、编写新装备教材、建设新装备教学条件以及实施新装备作战使用专业培训提供支持，为试训基地及接装部队提供新装备技术支持和一定的装备知识以及基本操作培训，真正实现从新型作战力量装备的源头开始设计其训练问题。

"学"方以军队专业院校为主体，此处的"专业院校"是指新型作战力量相关专业领域的军队院校，在新型作战力量训学研一体训练模式中的主要职责是利用其密集的智力资源和专业优势，开展分专业、分层次、分岗位的体系化接改装培训，在"研"方的装备预训基础上，完成要素集成和单元合成训练，为体系融合训练以及新型作战力量初始作战能力的生成奠定基础。在整个新型作战力量训练链条上承担为训练链条上游的装备研制单位提供作战需求、作战设计等输入，为训练链条下游的试训基地提供智力支持等职能，是训练主体间的重要桥梁。

"训"方以试训基地为主体，在新型作战力量训学研一体训练模式中的主要职责是利用其优渥的训练和军事实践条件，在"研"方的装备预训和"学"方的专业培训基础上，完成跨域、跨代次、跨层级、跨军兵种等新型作战力量体系融合训练，实现新型作战力量初始作战能力的生成。同时，通过试训一体开展新型作战力量武器装备试验和训练，使新型作战能力与装备研制生产同步生成。

"训""学""研"三方共同担负着新型作战力量训练的主体职责，在新型作战力量训练中分别发挥其特有功能，三个主体密切协作、三个领域紧密衔接，实现了装备研发、人才培养和作战训练的融合、贯通，是新型作战力量训学研一体训练模式的组织基础。

三、基本框架

新型作战力量"从无到有"阶段训练模式 M1 的基本框架如图 4.3 所示，

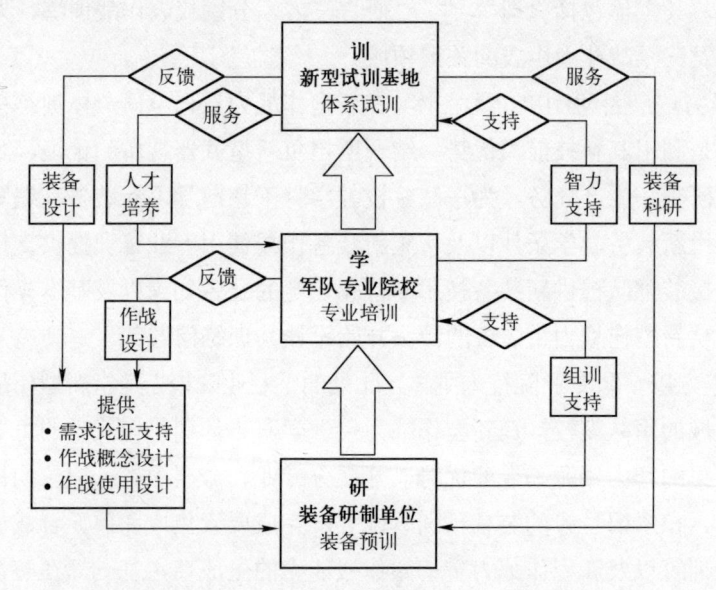

图 4.3 新型作战力量"从无到有"阶段训练模式 M1

是在"训""学""研"三主体支撑下,以"装备研制单位主导的装备预训""军队专业院校主导的专业培训""试验训练基地主导的体系试训"为结构性要素,以反馈流程、服务流程、支持流程为流程性要素的训练模式。

第二节 新型作战力量"从无到有"阶段训练模式的结构性要素

新型作战力量训学研一体训练模式的结构性要素是指支撑新型作战力量训练目标达成的必要组分和关键环节。根据新型作战力量"从无到有"阶段训练目标体系,新型作战力量初始战斗能力生成这一训练目标的达成,需要经由"装备预训""专业培训""体系试训"三个关键环节,即图 4.3 M1 中间部分的三个要素模块,具体如下。

一、装备研制单位主导的装备预训

装备研制单位作为新型作战力量训练模式的起点,担负新型作战力量武器装备研发、新装备系统试验检验等职能,具有智力密集、科技前沿、装备先置等优势,成为促进新型作战力量作战能力生成的训练链条上必不可少的重要环节。

(一)整体设计

由于新型作战力量不同于传统作战力量,其所需要面对的训练问题不只是训练资源的全新构建,还面临如何建立与训练资源匹配的组训力量的问题。为此,在装备研制单位主导的装备预训功能设计时,提出了"作战能力生成"和"组训能力生成"的"双能力"目标。其中,"作战能力生成"是"组训能力生成"的目标,"组训能力生成"是"作战能力生成"的前提,两者之间是相辅相成双生共进的关系,一个是新型作战力量训练的前端条件,一个是新型作战力量训练的末端目标,二者在组训者、受训者等训练要素的选取上有所不同。具体来讲,装备研制单位主导的装备预训根据训练对象分为对"学"方教员的装备预训和对"训"方首装部队的装备预训,如图 4.4 所示。其中,对"学"方教员的装备预训和对"训"方首装部队的装备预训对应生成的是"学"方和"训"方的组训能力,对新型作战力量"从无到有"阶段训练目标的达成起支撑功能,具体在后面的"流程性要素"中进行研究,此处仅对直接支撑新型作战力量部队形成初始作战能力的训练部分开展研究。

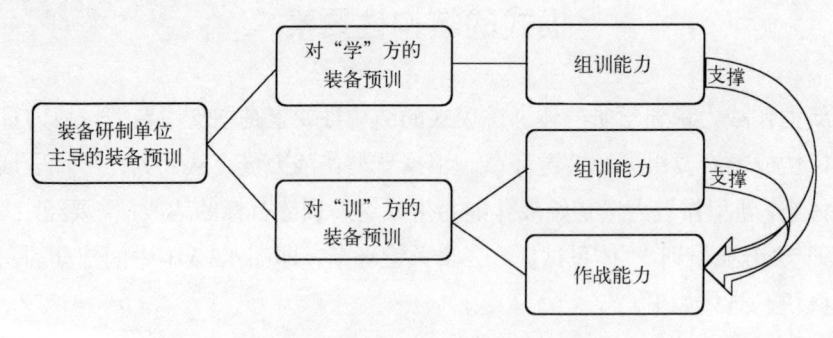

图 4.4 装备研制单位主导的装备预训

(二) 内容设置

新型作战力量装备研制单位对"训"方拟接装部队的装备预训主要是针对参训部队人员开展的新型作战力量装备知识和技能训练,该训练伴随新型作战力量装备从作战使用设计到正式列装,属于跟踪式的阶段性训练,也属于试训一体的综合性训练。**在装备研制立项论证阶段**,"研"方对"训"方开展针对装备主要战术技术指标等内容的理论培训,使新型作战力量部队人员深度了解装备设计出发点、任务剖面、通盘考虑和基本原理,为后期装备训练以及训练条令/细则等制定夯实基础。**在工程研制阶段**,"研"方对"训"方开展针对装备性能以及边界性能等内容的理论培训,使新型作战力量部队人员掌握平时以及复杂、极限和边界条件下的装备性能及底数,为后期作战运用以及作战条令/手册等制定夯实基础。**在列装定型阶段**,武器装备已进行小批量的试生产,初步具备使用功能,装备研制单位可利用武器装备的先发优势组织预备纳入新型作战力量部队的官兵进行操作体验,达到预先熟悉装备的效果。依托试生产的新型作战武器装备,装备承研单位新装备设计师、技术骨干能够就武器操作使用、维护保养、故障排除等相关课目,对参训的部队骨干给予有针对性的指导,预备纳入新型作战力量部队的骨干官兵通过观摩甚至参与装备试验、检验,提前熟悉新装备武器性能,为后续培训奠定基础。同时,还可以组织预备纳入新型作战力量部队的指挥和技术骨干进行作战试验跟踪,探索装备作战运用方式,对装备及其体系作战效能和作战适用性等进行预先培训,具体如图 4.5 所示。

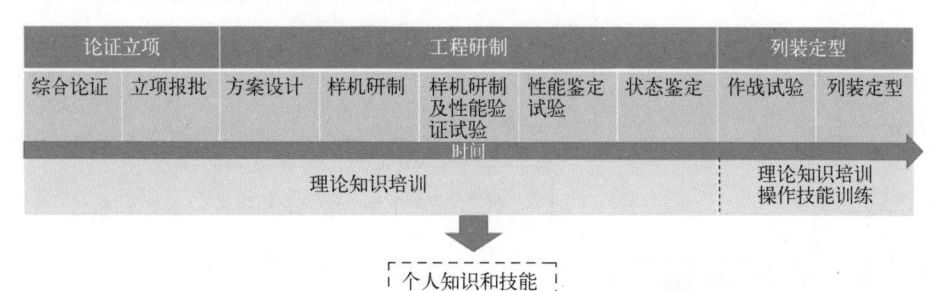

论证立项		工程研制					列装定型	
综合论证	立项报批	方案设计	样机研制	样机研制及性能验证试验	性能鉴定试验	状态鉴定	作战试验	列装定型
理论知识培训							理论知识培训 操作技能训练	

↓ 个人知识和技能

图 4.5　跟踪式的阶段性装备预训

新型作战力量装备研制单位利用装备设计、试验、检验对种子部队预备接改装人员进行预训,在保证新型作战力量装备试验、检验、定型任务完成的同时开展理论和技能训练,又可通过跟试、跟训的军方人员使设计师更加深入地了解作战使用需求,完善装备设计,从而达成"单次训练,多方受益"效果。通过该阶段的装备预训,使新型作战力量部队初步掌握新型作战力量装备原理和性能,实现参训人员新型作战力量基础知识和技能生成,为训练目标的达成夯实能力基座。

二、军队专业院校主导的专业培训

苏联著名军事家格鲁季宁指出"军事训练的质量归根结底由军人的理论和技术知识水平以及实际经验决定"[①]。军队院校具有丰富的专业和智力资源,作为提升军人理论和技能水平的主渠道,在新型作战力量训练中应发挥其核心支撑作用。

---

① 李桥铭. 让新型作战力量成为手中"王牌"[N]. 解放军报,2015-07-15.

（一）整体设计

在新型作战力量从无到有的初始作战能力生成阶段，军队专业院校所承担的专业培训任务主要是针对新型作战力量装备的成体系接改装应急培训，是在装备研制单位装备预训的基础上单个人员知识和技能的进阶训练以及部队整体行动能力的初步训练，如图 4.6 所示。从图中可以看出，军队院校主导的新型作战力量专业培训以岗位能力塑造为基点，聚焦能力梯次提升，在"先基础、后专业，先分训、后合训，先技术、后战术"的训练思路引领下，形成"岗位精训—要素训练—要素合成训练—单元集成训练"的训练流程。

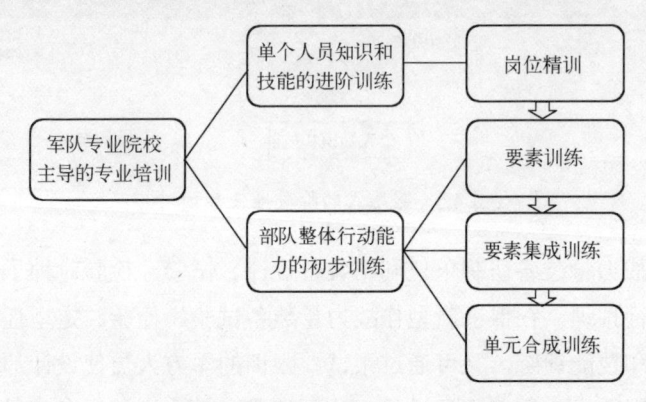

图 4.6 能力梯次进阶的专业培训

（二）内容设置

根据前面的整体设计，军队专业院校主导的专业培训分为单个人员知识、技能的进阶训练和部队整体行动能力的初步训练，具体如下：

（1）单个人员知识和技能的进阶训练。单个人员知识和技能的进阶训练以岗位精训为主要形式。所谓岗位精训是在装备研制单位装备预训的基础上，针对新型作战力量部队预设岗位开展的单个人员知识和技能的进阶训练，通过从理论到实践、从原理到操作、从技术到指挥的体系化培训，达到新型作战力量知识和技能生成训练目的。岗位精训紧贴新型作战力量部队岗位和新型作战力量装备需求，按照编制岗位分层次、分类别设定训练内容，分为新型作战力量通用知识和新型作战力量专业训练两部分。通用知识在一般部队应掌握的战术理论、军事思想、军情研究、部队管理等内容基础上，突出新型作战力量的高技术属性，紧贴军事科技发展前沿，设置高科技知识等内容。新型作战力量专业训练内容按岗位设置、按专业整合，区分专业理论和专业技能。具体来讲，师、旅（团）首长和机关部门领导，以组织指挥、战术理论、作战运用、军事高科技知识为主；指挥军官以本级组织指挥和新型作战力量主要装备知识为主；技术军官以新型作战力量装备原理、维护维修、故障排除和装备勤务为主；专业士官以新型作战力量专业理论和使用维护技能为主；专业兵以新型作战力量装备基本原理和战斗操作为主。

（2）部队整体行动能力的初步训练。在岗位精训打牢新型作战力量个人知识和技能基础上，充分发挥院校专业积淀深厚、专业要素全面、组训力量专业、组训条件优渥等优势，依托其开展新型作战力量整体协同训练，实现人员与装备、理论与实践、技术与战术的深度耦合，初步形成新型作战力量部队整体行动能力，具体包括要素训练、要素集成训练和单元合成训练三个相互衔接、层次递进的阶段。

在第二章进行新型作战力量本质规律剖析时得到，新型作战力量是具有箱套式的结构，是"体系—系统—单元—要素"的层层嵌套，而其中的某个系统、单元或要素放在整体考察时，其内部结构被屏蔽，作为个体考察时，其内部结构显现，本身可作为一个独立的体系再进行"体系—系统—单元—要素"的结构分解。这种特性可以使新型作战力量在本质上形成一颗颗马赛克颗粒，根据作战需求进行积木式组合，形成可独立遂行作战任务的作战单位。基于以上考虑，军队院校开展的部队整体行动能力训练采用"要素—要素集成—单元合成"这一具有相对性的阶段划分方式。同时，这种以"要素—要素集成—单元合成"进行能力提升阶段划分可以很好地体现出不同军种、不同属性的新型作战力量个体所具有的不同特质，凸显新型作战力量层级和类型的广泛性，以抽象的训练阶段支撑通用的训练模式。

在明晰上述基本考虑的基础上，再来具体解构整体训练的三个阶段。第一个阶段：要素训练。要素训练即在军队院校的专业指导下，新型作战力量部队不同编制岗位按指挥控制、侦察情报、火力打击等作战要素分别开展协同训练，院校组训力量对整体训练实践活动进行规范和把控，通过不同岗位间形成"微循环"赋予这些要素以作战功能，以要素功能生成为后续整体行动能力训练奠定基础。第二个阶段：要素集成训练。要素集成训练主要是军队专业院校针对单个武器装备平台设置的专业协同训练科目，通过设置一定的作战想定背景带动，将新型作战力量指挥控制、侦察情报、火力打击等作战要素进行集成联动的武器系统"小回路"操作磨合训练。通过要素集成训练，作战要素形成联动，在整体功能上形成可以遂行独立作战任务的作战单元，以要素集成促初级整体行动能力生成。第三个阶段：单元合成训练。单元合成训练是军队院校在武器系统"小回路"合训基础上，根据新型作战力量部队作战任务方向设置演练课题，成建制开展武器系统"大回路"战斗行动演练，重点在练指挥、练流程，提升博依德循环（Observe-Orient-Decide-Act，OODA）的速度。在整体行动能力生成的这三个训练阶段中，每个阶段内部循环的顺利达成都成为下一阶段训练开展的必要条件，无论体系结构被放大或缩小，此单元成为彼要素或此要素成为彼单元，它们层次之间的能力生成递进关系是不会改变的。

在新型作战力量军队院校专业训练整个阶段，通过"岗位精训"提高官兵新型作战力量武器装备操作使用、值勤维护能力和专业训练水平，打牢个人知识和技能基础形成能力底座，尔后通过"要素""要素集成""单元合成"自下而上的能力聚合最终支撑新型作战力量整体行动初始能力形成，之后，部队开赴试训基地开展下一阶段的进阶训练。

三、试验训练基地主导的体系试训

新型作战力量训练链条上的试验训练基地不是传统的军种试训基地，而是针对新质新域作战力量开展高阶训练的新型试训基地（如已组建、正在论证建设的国防科技大学试验训练基地），主要承担新质新域作战概念开发验证、战法训法创新演示验证、新质新域装备模拟训练、作战运用能力检验、新质多域作战力量联合训练以及实兵实装实抗演训等职能，是引领性国防科技创新的策源地、新域新质作战概念产出的孵化田、新兴技术快速向战斗力转化的试验场。新型作战力量部队在经过装备研制单位的装备预训以及军队院校的专业培训后，已经具备相关的知识和技能基础以及部队整体行动初始能力，迫切需要通过试验训练基地主导的体系试训这一新型作战力量战斗能力生成的关键环节来检验和磨炼新武器作战效能、个人作战知识技能以及部队整体行动能力，实现新型作战力量的淬火强能。

（一）整体设计

针对新型作战力量部队初始作战能力生成，试验训练基地的训练开展主要设计了两条主线，如图 4.7 所示。一条主线是从"虚"到"实"，即"虚拟仿真"—"虚实结合"—"实兵对抗"，通过基于复杂场景虚拟仿真训练、到基于切片场景虚实一体训练、再到基于典型场景实兵对抗训练，最终达成训练目标；另一条主线是从"域"到"体系"，一般的力量合成训练都遵循军种内到军种间协同再到联合训练，但对于新型作战力量，根据本书第二章中对其模式应具有的特征分析，训练结构具有跨域融合、跨级融合、跨代融合等特性，所以选择采用更适宜的"领域合成"—"多域联合"—"体系融合"的能力演进路径。同时要说明的是，这两条训练主线不是相互独立的，而是互相交叠在同一时空下并行开展的。

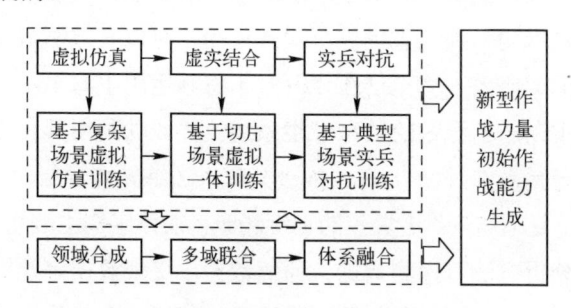

图 4.7 试验训练基地主导的体系试训

（二）内容设置

根据试验训练基地主导的体系试训的整体设计，该阶段的训练科目设置按照先模拟演练后实兵对抗的思路开展。

基于复杂场景虚拟仿真训练。针对新型作战力量作战环境的多维性（如电磁、太空等）、高边疆性（如深海、深空等）、多域铰链性（信息域、认知域、社会域等）等复杂特性，完全依托全实物场景开展训练在训练成本、训练条件等方面不具备可行性，试验训练基地构建的虚拟仿真环境就可为新型作战力量训练开展提供良好支撑。面对未来混合战争的发展趋势以及新型作战力量横跨军地的典型特质，试训基地提供的虚拟仿真训练应在针对武器系统毁伤的传统仿真模拟基础上，引入电力、交通、能源等高价值目标作为背景体系，体现出新型作战力量作用于社会域的级联效果。同时，在试训基地数智底座的支撑下，以快插即仿（plug and simulation）功能支持单域多个新型作战力量模块以及多域多个新型作战力量模块快速接入背景体系，实现新型作战力量与原有传统作战力量以及新型作战力量武器装备之间的互联互通互操作，形成对抗仿真的综合训练环境。

基于切片场景虚实一体训练。所谓"虚实一体"就是在"虚拟仿真"的基础上，引入实体的人员装备，较全仿真的构造式推演增加了系统的复杂性、具有更高的置信度，常见的形式有半实物模拟器、人在回路仿真等[1]。在试训基地数智底座的支撑下，通过在功能、性能与结构等方面与物理空间战场全生命周期映射、虚实交互协同演化的数字孪生战场开展新型作战力量虚实一体训练，基于扩展现实技术为参训人员提供沉浸式体验，可以有效缩减战场适应期，提升新质战斗力生成质效。美军已在 2019 年将其运用于海军新型作战力量训练中，构建了"宙斯盾"系统的数字孪生系统，并成功利用其在"哈德纳"导弹驱逐舰上发射导弹命中目标[2]，有效推进其军事训练转型升级。"基于切片场景"是相对于"基于复杂场景"更聚焦的训练场景，在数字孪生战场构建的基础上，通过数据耕耘分析方法对探测数据、通信数据、交战数据等开展聚焦实验，提炼筛选出切片场景和典型任务剖面，通过身临其境的态势认知、虚实互动的智能决策、跨域协同的指挥控制以及沉浸融合的推演评估等核心功能支撑多域多层级新型作战力量体系作战能力生成训练。

基于典型场景实兵对抗训练。基于典型场景的实兵对抗不同于常规组织

---

[1] 胡晓峰，杨镜宇，等. 战争复杂体系能力分析与评估研究[M]. 北京：科学出版社，2018.
[2] 李蔚清，吴云超，等. 面向数字孪生战场的红外场景实时仿真方法[J]. 指挥信息系统与技术，2022(4)：1-7.

的演习演练，是在"战场位移、体系融合"的思路指引下，依托试训基地数智底座开展作战情况构想、实战环境构设、作战行动组织的实兵全景平行战场对抗。平行战场作为军事元宇宙的具体形态，参训官兵通过"智慧突击"等终端节点利用AR（增强现实）、VR（虚拟现实）、MR（混合现实）等扩展现实技术接入数智底座，在平行战场与专业的蓝军部队或人工智能技术驱动的NPC（non-player character，不受真人操控）开展对抗训练，全面提升新型作战力量部队体系作战效能。相对于传统实兵演训，平行战场所生成的典型场景下的实兵对抗训练，一是可以通过设置场地、天候、电磁等条件参数，模拟实际物理条件难以创造的极限作战环境，充分验证新型作战力量装备的边界性能、挖掘新型作战力量装备的作战潜能，开展常规演训难以实现的极限条件训练；二是在Web3.0的加持下，元宇宙支持多种作战推演虚拟空间的实时接入与互联互通[1]，可以突破时空限制，实现新型作战力量跨域、跨代融合，通过以虚制实和虚实互动开展部队整体行动能力训练，有效提升部队体系作战能力；三是充分发挥蓝军"磨刀石"作用，通过与试训基地专业蓝军或NPC开展"背靠背"对抗演练，熟悉强敌典型战术战法和装备运用模式，通过红蓝双方夺要与坚守、夺控与反击、打击与屏护等作战行动演练，在实案实兵对抗中形成新型作战力量体系作战能力；四是依托平行战场，整个训练过程中的新型作战力量武器装备使用、对抗实施以及交互行为等都被记录为数据资产，通过这些数据资产可以很好地实现训练动态评估以及训练后复盘回顾。同时，随着接入系统以及各类演训数据的不断累积，试训基地数智底座也伴随进化，通过模型算法开展训练学习辅助决策，形成决策能力和训练水平不断优化。

这三个训练阶段构成了试验训练基地主导的体系试训大循环，而每个阶段中又迭代伴随着"单域—多域—体系"的小循环，通过大小循环的共同作用，促进新型作战力量初始作战能力形成。

---

[1] 贾珍珍，石海明，等. 元宇宙与未来战争[N]. 光明军事，2022-07-08.

第三节　新型作战力量"从无到有"阶段训练模式的流程性要素

新型作战力量训学研一体训练模式的流程性要素是指该模式的"训""学""研"三方主体之间相互关联作用所形成的流程指向。从图4.3新型作战力量"从无到有"阶段训练模式M1的基本框架可以看出，其三个结构性要素之间是串联的、能力逐次递进的流程走向，除了大箭头所示主流程外，分支上亦有菱形模块所指的分流程，这亦是新型作战力量训学研一体训练模式创新特色的具体印证，具体如下。

一、支持流程

新型作战力量训学研一体训练模式的支持流程是指"训""学""研"三方在开展新型作战力量训练之外，通过方向性的交互作用为新型作战力量训练活动开展提供支持的功能，典型形式有以下几种。

（一）"研"方为"学"方提供组训支持

在新型作战力量从无到有的组建阶段，装备研制单位作为新型作战力量全生命周期链条的起点，在承担新型作战力量装备研制的同时，还主导开展新型作战力量装备预训。图4.4中，"装备研制单位主导的装备预训"又分为两类：一类是直接生成新型作战力量作战能力的对新型作战力量部队开展的装备技术和技能训练；另一类是间接支撑新型作战力量作战能力生成的对"学"方组训力量即军队院校教研人员开展的装备预训，以其组训能力生成支撑新型作战力量训练目标达成。

对军队院校教研人员开展的装备预训主要依托装备研制总要求论证、装备设计论证等论证活动，装备性能验证试验、性能鉴定试验、作战试验等试验活动以及列装定型等生产活动开展。一方面，"学"方通过"跟研跟产"，接受"研"方开展的装备设计理念、技术原理、性能指标等的装备理论培训，为"学"方教研人员后期开展新型作战力量装备教学和研究建立直观、具象的标靶，使其装备教学能力与新型作战力量武器装备研制过程同步形成，并可以超前开展人才培养目标设置、新型作战力量装备教材编写、新型作战力量装备理论教学内容设计等教学相关活动，为后续基础理论、专业理论、设备原理等教学任务的开展奠定基础。此外，"学"方教研人员通过装备预训在摸清新型作战力量武器装备性能底数的同时，可以开展武器装备作战概念和作战使用设计、制胜机理以及战法训法研究等，通过研究开展强化装备教学能力。另一方面，"学"方通过"跟学跟训"，接受"研"方开展的装备操作培训，深入掌握新装备技术原理和使用方法，为后续装备操作、综合演练等教学任务的开展奠定基础。在聚力"学"方装备教学能力提升的同时，注重质量把关，对参训教员开展新型作战力量装备理论授课以及操作考核，进行相关教学岗位准入资格认证，确保为后续军队院校装备型号教学梯队组建输送合格组训骨干。

（二）"学"方为"训"方提供智力支持

试训基地作为新域新质领域技术装备的"检验场"、新质战斗力生成的"孵化器"、练兵备战的"磨刀石"，除开展新型作战领域技术装备模拟训练、作战仿真推演和仿真对抗训练等活动以及承担新域新质部（分）队装备驻训、虚实一体对抗训练等任务外，还承担诸如智能无人、电磁空间、空天攻防和定向能武器等新型作战力量领域核心前沿技术试验验证，新型作战领域武器装备和共用信息系统装备的性能测试验证、作战能力评估、体系运用试验，以及试验鉴定领域基础理论、方法与技术，新技术装备仿真模拟技术、战法训法运用等研究任务。这些职能虽然不是直接的训练任务，但都对新型作战力量训练开展有直接或间接的支撑，在一定程度上能够作用于新质战斗力形成。而这些军事活动的高技术属性对人员的能力素质和科技素养提出了极高要求，仅依靠试训基地一方编制内的研究力量难以为继，亟需对外进行借智引力。军队院校作为"研"方和"训"方的接口，既具备丰厚的研究优势又具有鲜明的军事特色，因此成为军事前沿技术以及前沿理论的策源地，形成了军事领域的智力资源池。在新型作战力量训学研一体训练模式的统筹下，"学"方充分发挥其军事理论、科学技术优势，为"训"方提供智力支持。具体来说，一是提供师资力量，为试训基地部队演训活动开展提供理论指导和技术服务，并可以利用自身技术优势充当游离于驻训部队和试训基地之外的"第三方"蓝军，为新质战斗力生成充当

"磨刀石"；二是提供科研力量，针对试训基地各类试验开展以及试验领域相关研究、作战概念及理论创新、新技术装备仿真模拟、战法训法运用等开展集智攻关。这是新型作战力量训学研一体训练模式主导下的智力资源共享，通过"学"方对"训"方的智力支持，有效实现资源供需匹配、优势互补，形成合作共赢良好局面，产生新型作战力量训练的级联放大效应。

二、反馈流程

新型作战力量训学研一体训练模式的反馈流程是指"训""学""研"三方通过交互反馈形成一体联动，确保训练内容设置等同步协调、衔接有序，以助力新型作战力量训练活动开展的流程，典型形式有以下几种。

（一）"学"方对"研"方作战设计反馈

"学"方对"研"方的反馈功能主要体现在军队院校教研人员在接受新型作战力量装备研制方开展装备预训的同时，根据装备研制方新型作战力量装备技术设计联动开展新型作战力量装备作战使用设计，并形成相关反馈的过程。"学"方对"研"方作战设计反馈分为以下几个层面。

（1）小循环反馈，即"学"方直接将其作战使用设计反馈回装备研制单位，以作战使用设计进一步校准装备技术设计，这样就在"研""学"双方形成正向循环的反馈，促成两者之间紧密耦合的联动开发。

（2）中循环反馈，"研"方在完成新型作战力量装备技术设计后，转入装备工程研制与试验，"学"方在完成新型作战力量装备作战使用设计后，开展对部队条令、手册等编制以及指导活动，并在活动过程中对研方的装备技术设计进行反馈。通过这种交互，将"研"方后期"装备工程研制与试验"和"学"方后期"部队条令、手册等编制"形成一体联动，有效支撑新质战斗力形成、缩短能力生成周期。

（3）大循环反馈，在"研""学"双方小循环联动模式下，装备研制单位通过装备研制平台开展新型武器装备的研制，军队院校通过作战使用仿真平台开发新型武器模拟训练系统，形成了互为影子系统的装备研制平台和作战使用仿真平台，最终形成协调同步的新型武器装备和新型武器装备模拟训练系统。新型武器装备模拟训练系统依据新型武器装备研发，同时其在军队院校教学训练的使用又为新型武器装备的升级迭代提供使用反馈，具体如图4.8所示。

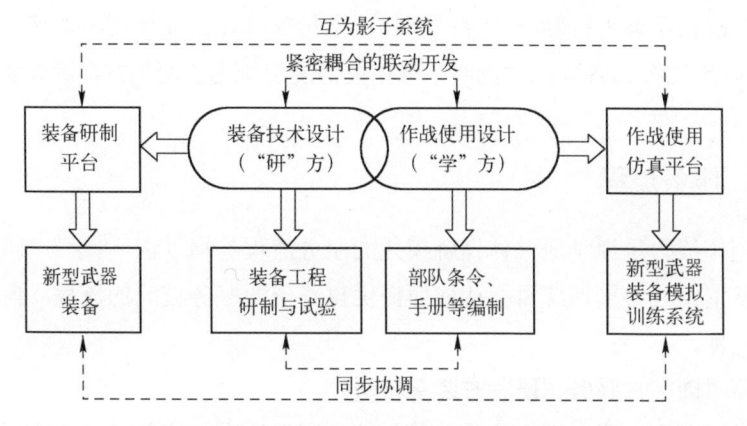

图4.8 "研""学"双方的交互

（二）"训"方对"研"方装备设计反馈

新型作战力量训练链条上的试训基地其显著特点是"试训一体"，即将新型作战力量武器装备试验任务有机融入部队战备训练和实兵演习，贯通"装备试验—军事训练—作战运用"链路，形成"训"是"试"的有效载体、"试"是"训"的重要抓手以及以试促训、试训双赢局面。在这一过程中，"训"方对"研"方起到多个层面的反馈作用，加强了"研"方与部队战斗力建设的铰链，使得新型作战力量武器装备试验成为牵引带动装备建设发展的"倍增器"，通过边试验、边训练、边反馈、边研究、边改进，加快了新型作战力量武器装备体系作战能力生成。第一个层面是装备研制阶段"训"方对"研"方的反馈，通过形成《作战试验报告》《效能底数报告》等列装定型试验文件，将新型作战力量装备在作战使用中的杀伤力、生存力和战备出动部署能力反馈至"研"方，为装备列装定型提供依据。第二个层面是装备列装定型阶段"训"方对"研"方的反馈，围绕新型作战力量装备实战适用性和体系融合度论证，一方面尽早发现装备在近似实战条件下存在的问题缺陷，反馈"研"方共商解决方案，进行装备设计、性能指标的改进。另一方面基于装备能力与实战需求的差距，提出装备改进升级、编配调整、体系优化等方面建议反馈"研"方，促进新型作战力量装备性能改进以及作战能力迭代提升。第三个层面是装备使用阶段"训"方对"研"方的反馈,在战试训任务实践中总结新型作战力量装备的优势特长和短板弱项,编写《作战运用参考》《综合保障手册》,指导部队在作战使用中如何"扬长避短"、更好地发挥装备效能的同时,将相关情况反馈至"研"方,形成装备改进意见。

三、服务流程

新型作战力量训学研一体训练模式的服务流程是指"训""学""研"三方为促成新型作战力量训练目标达成而提供自身资源服务彼此的流程,典型形式有以下几种。

(一)"训"方服务"研"方装备科研

从世界军事强国发展态势看,从科技角度设计未来战争已成为筹划高端战争新范式。在新型作战力量初始作战能力生成的训练链条上,装备研制单位将从科技角度对未来战争的设计物化在了新型作战力量装备的研制上,并最终通过试训基地的模拟仿真、兵棋推演、实兵对抗等进行验证。因此试训基地服务装备研制单位开展装备科研成为新质战斗力生成链条上的重要环节。试训基地通过构建内外场综合、多域多学科交叉、数智驱动的试验环境,通过"小核心大外围"联动相关训练资源服务装备研制单位装备科研开展,缩短新域新质技术向装备、向作战转换周期,加速新域新质技术装备作战能力生成。所谓"小核心大外围"是指试训基地服务装备研制单位的组织形式,主要有以下三种:一是"试训基地+装备研制单位+院校"形式,该形式主要服务装备研制单位开展新技术装备探索试验,即在技术原理突破情况下,依托一定核心要素条件,开展精巧性、敏捷性、探索性试验;二是"试训基地+装备研制单位+周边军地试训环境"形式,该形式主要服务装备研制单位开展多领域多技术联合交叉试验,即在一定技术成熟度条件下,依托多域多技术综合运用,开展联合性复杂环境下的可用性试验;三是"试训基地+装备研制单位+军民大型试训基地"形式,该形式主要服务装备研制单位开展新质新域作战验证性试验,即在技术相对成熟条件下,依托国家靶场,开展复杂环境和对抗条件下的性能效能试验。

通过试训基地开展的装备试验、检验、训练活动，服务装备研制单位装备科研开展，确保其交付的新型作战力量装备管用、实用、好用、耐用，满足未来战争需求、符合新型作战力量部队需要。

（二）"训"方服务"学"方人才培养

试训基地作为新型作战力量作战能力生成的"淬火场"，具有完备的装备科研、常规训练、高阶演训等支撑条件，除承担新型作战力量装备检验、装备训练等职能外，利用其训练资源服务军队院校新型作战力量人才培养亦是其应尽职责。军队院校新型作战力量相关人员可以通过试训基地的研战实践培养知战晓战能力，通过试训基地的综合实训培养科技认知力、创新力、运用力，通过试训基地的演训对抗培养能战敢战能力。具体来说，可以开展以下几类人才培养工作：**一是新型作战力量相关专业本科生培养。**本科教育是整个高等教育的基底，新型作战力量相关专业本科教育的质量水平决定了整个新型作战力量体系的未来发展走势。利用试训基地开展新型作战力量相关专业本科生科技创新培训、装备见学、联教联训、军政融合训练等教育训练活动，可以有效提升本科生对所学专业的感知能力，通过训练实践有效克服从校门直接走上部队岗位可能产生的水土不服现象，缩短岗位适应期。**二是新型作战力量研究生创新实践。**研究生作为军事创新领域的活跃群体，是新型作战力量军事理论、军事技术研究的中坚力量。利用试训基地开展新型作战力量技战融合创新和学科交叉培训等教育训练活动，有效弥补院校缺乏大型实践平台的短板，充分发挥试训基地理实一体、战技融合的优势，为研究生提供创新实践的沃土。**三是军队院校新型作战力量高端人才研训。**军队院校作为新型作战力量人才培养的主渠道，也是新型作战力量高端人才的聚集地，新型作战力量技术专家、战略专家、理论专家等作为新型作战力量从概念萌芽到战力生成的智囊团、指北针，在整个新型作战力量生命周期链条上发挥着重要作用，而试训基地作为军队院校新型作战力量高端人才定期汲取新鲜新型作战力量军事实践经验的核心场所，通过开展"科技+军事"系列研训进行新型作战力量相关思维视野拓展、创新运用拓展。

第五章　新型作战力量"从有到强"阶段训练模式构建

新型作战力量"从有到强"阶段对应的是新型作战力量初始作战能力形成后,"种子部队"纳入部队常规训练进行复制、裂变以及作战能力跃升的过程,是新型作战力量全生命周期中重要组成部分。根据第三章对新型作战力量训练模式的整体设计,本章主要开展新型作战力量"从有到强"阶段的分模式研究,其遵循图 3.5 的整体结构,着重对图 3.5 的 M 部分"训""学""研"之间结构和流程关系进行建构,为 M2 分模式。通过本章的研究,力图厘清在新型作战力量"从有到强"阶段,"训""学""研"三方主体如何一体发挥训练功效,支撑新型作战力量作战能力提质增效。

第一节　新型作战力量"从有到强"阶段训练模式的设计

新型作战力量"从有到强"阶段训练模式是新型作战力量训学研一体训练模式的重要组成部分,是在其整体框架下开展的阶段性具体训练模式构建,是在该阶段训练目标引领下训学研三方一体发力的典型训练组织实施结构样式和运行范式,总体设计如下。

一、训练目标

新型作战力量的高技术属性和高融合特性使得其关联岗位人员需具备较强的科技素养和能力水平,除了外显的新型作战力量知识、技能等基础性能力素质外,更加注重内隐的新型作战力量综合能力等鉴别性能力素质(图 4.1 能力素质冰山分类模型中的下半部分),即要求建立深厚的知识能力底座。为满足新型作战力量的这一鲜明特质，其训练应有别于常规军事训练偏重军事技能锻造的做法而更加注重科技素养和知识底蕴的塑造。因此，如图5.1所示，新型作战力量"从有到强"阶段的训练目标体系构成不同于新型作战力量"从无到有"阶段循序渐进的能力逐级提升的串行流程，而是一个以院校教育、部队训练、军事职业教育为能力生成途径，训、学、研三方为能力生成主要依托的多管齐下的并行过程。这里有两点需要进行说明：其一是根据军语权威释义，院校教育以及军事职业教育都属于"军事训练"定义的范畴，因此此处"训练"所指的不是狭义的部队训练，而是广义的包含教育训练的"大训练"；其二是此处的"院校教育、部队训练、军事职业教育"三个新型作战力量能力生成途径与通常意义上的"三位一体"新型军事人才培养体系以及单个人员训练体系略有不同，由于新型作战力量训练以能力生成为导向，能力生成链条上的院校教育和军事职业教育是针对个人新型作战力量能力素质生成的途径，而部队训练的意义较原来针对个人的训练有所扩充，包含针对部队整体行动能力的训练，也就是广义部队训练。而本阶段的训练目标是使训练主体获得胜任新型作战力量岗位的能力，这个能力既包括常规部队训练生成的知识和技能（图4.1 能力素质冰山模型水上部分），亦包括院校教育和职业教育生成的新型作战力量综合素质（图4.1 能力素质冰山模型水下部分），并使部队整体在初始作战能力的基础上巩固和提升形成实战能力。

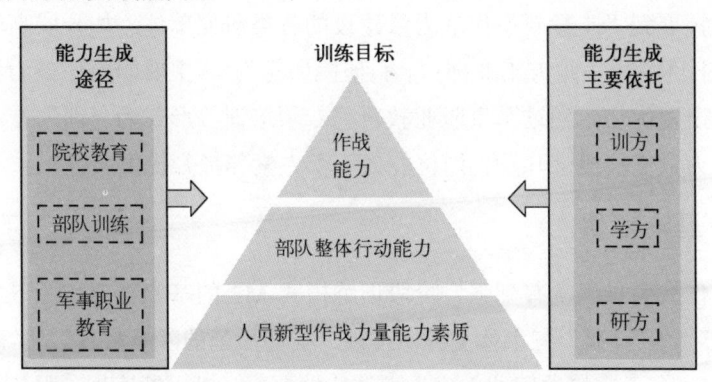

图5.1 新型作战力量"从有到强"阶段训练目标体系

二、训练主体及职能

新型作战力量"从有到强"阶段是在初始作战能力生成后,对新型作战力量作战能力的巩固和提升,支持该训练目标达成的训练主体仍为"训""学""研"三方,但其内涵相较"从无到有"阶段发生了部分变化。

"训"方主体从新型作战力量"从无到有"阶段时的"试训基地"转为"新型作战力量部队",将新型作战力量训练纳入常规军事训练体系开展,并在训练开展过程中对"学"方提出人才培养需求、对"研"方提出装备改进升级需求。同时,还要将最新战训成果、演训成果以及战法训法创新成果通过军事职业教育等渠道反哺"学"方,将装备使用、装备运维等情况反馈"研"方,真正成为新质战斗力的淬火场。

"学"方主体从新型作战力量"从无到有"阶段时的"新型作战力量相关专业领域的军队院校"拓展到"承担新型作战力量各级、各类教育培训的军队院校",其主要职能为按照不同任务开展新型作战力量的学历教育、任职培训、组训能力培养等。此外,还可以为"研"方提供军事需求及技术服务,为"训"方提供技术指导和智力支持等,同时也是军事职业教育实施开展的主力军。

"研"方主体从新型作战力量"从无到有"阶段时的"新型作战力量装备研制单位"拓展到"支撑新型作战力量建设的各类研究单位,如开展高端技术研究的高新技术企业、地方工业部门、科研院所等",其主要职能任务为利用其理论前沿及研发优势,通过军事职业教育、专项培训等形式为"训"方"学"方新型作战力量作战概念开发、岗位能力、个人素养提升提供服务。

三、基本框架

新型作战力量"从有到强"阶段训练模式 M2 的基本框架如图 5.2 所示,是在"训""学""研"三主体支撑下,以"前伸后延的院校教育""学研融入的部队训练""多元支撑的职业教育"为结构性要素,以反馈流程、服务流程、支持流程为流程性要素的训练模式。

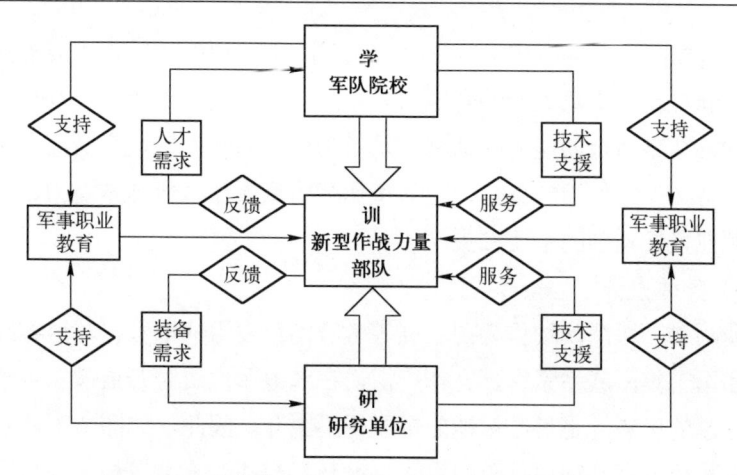

图 5.2　新型作战力量"从有到强"阶段训练模式 M2

第二节　新型作战力量"从有到强"阶段训练模式的结构性要素

新型作战力量训学研一体训练模式的结构性要素是指支撑新型作战力量训练目标达成的必要组分和关键环节。根据新型作战力量"从有到强"阶段训练目标体系，新型作战力量种子部队形成后作战能力巩固和提升这一训练目标的达成，需要"前伸后延的院校教育""学研融入的部队训练""多元支撑的职业教育"三个支撑组成部分，具体如下。

一、前伸后延的院校教育

作为科技第一战斗力、创新第一动力、人才第一资源的重要结合点，军队院校教育是实现强军目标，建成世界一流军队的坚强保证和动力源泉。军队院校教育具有普通高等教育不可比拟的政治、军事优势，是培养堪当强军重任高素质新型军事人才的主渠道，也是新型作战力量人才教育训练的主要依托。由于军队院校具备新型作战力量学科专业系统、理论积淀厚实、知识技术密集、人才资源集中等诸多优势，在整个新型作战力量训练体系中承担"打牢新型作战力量科学文化以及专业基础，形成/提升新型作战力量岗位任职能力"的训练职责，映射到图 5.1，新型作战力量"从有到强"阶段院校教育主要支撑训练目标体系中新型作战力量人员综合能力素质生成，并通过综合演练等课程开设进行基础的部队整体行动能力的训练，是新型作战力量训练全生命周期中具有潜移默化和持久深远效用的部分，是新型作战力量人才生成基本能力、夯实岗位任职和职业发展基础的主要源头。

（一）整体设计

众所周知，军队院校作为国家高等教育的重要组成部分，与地方高校、科研机构和军工集团联系紧密、合作广泛，在统筹军地资源开展教育训练上，具有得天独厚的优势，是贯通军地的重要桥梁中介。因此，如图 5.3 所示，新型作战力量院校教育开展要打破现有"自循环"模式，充分发挥军地桥梁优势，将学科专业设置、教员队伍建设以及整个教学体系建设等前伸至"研"方的新型作战力量体系规划和装备研制前端，后延至"训"方的部队作战训练和装备运用后端，形成训学研一体发力的"前伸后延"新型作战力量院校教育训练模式。其主要开展形式有学历教育、任职培训和专项培训等几类，具体在内容设置中进行展开。

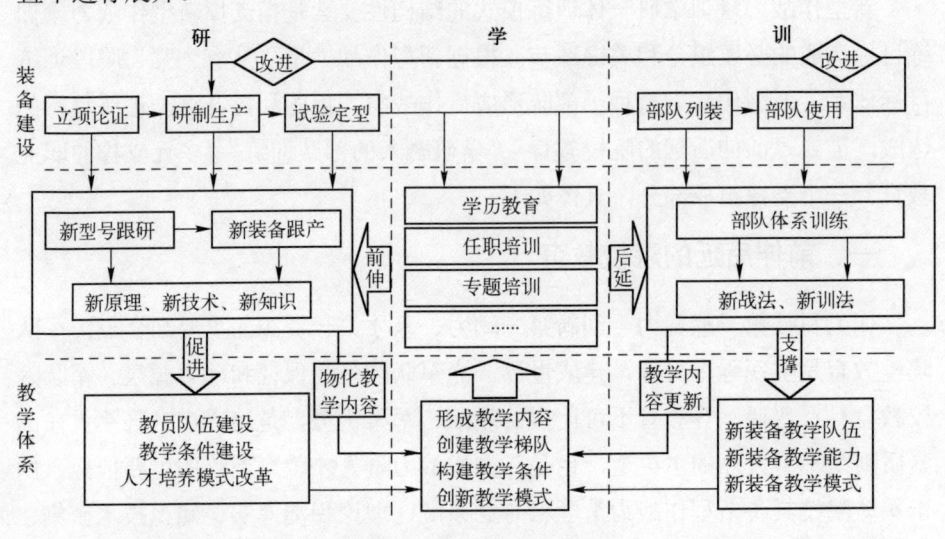

图 5.3 前伸后延的院校教育

（二）内容设置

（1）学历教育。新型作战力量能否被锻造成为制衡未来战争的决定性力量，其关键在于新型作战力量人才。新型作战力量的高智能化和高技术属性，对新型作战力量人才的知识结构、科技素养和创新能力提出了更高要求；全面建成世界一流军队，对新型作战力量人才的国际眼光、科学思维和文化品格提出了更高要求；军队的可持续发展，对新型作战力量人才的岗位核心能力和个人发展潜力提出了更高要求，而这些新型作战力量关键素养的塑造与夯实新型作战力量能力地基的学历教育息息相关。学历教育的"前伸后延"以"学"方为坐标原点，以学科专业建设为主线，通过前伸后延对接"研""训"多方的新型作战力量人才建设需求、规划，动态调整军队院校学科专业布局，加大前沿和交叉学科建设力度，增强新域新质人才稳定供给能力，是"三个面向"在新型作战力量训练领域的生动诠释。所谓"前伸"，体现的是"面向未来"，就是抓住新型作战力量双驱动的鲜明特质，将新型作战力量院校学科专业设置锚定军队发展战略和科学技术前沿。在军队发展战略上，遵循赫希曼的相互传递力量和弗农的梯度转移论，选择在军事斗争准备及军队建设中具有重大战略权重及创新引领性的组分，给予适当的政策倾斜，培育形成具备潜力的新型作战力量学科"增长极"，形成非对称优势以实现"帕累托最优"[1]；在科学技术前沿上，紧贴形势任务需要，依托"研"方输入新型作战力量、新型作战样式、新兴作战领域、新一代武器装备建设需求，牵引"学"方开展新兴学科领域预置、前沿交叉学科培育、新质作战专业培塑，为赢取未来战争制天权、制网权、制智权等高阶制权，形成与强敌博弈战略威慑，预置培养新质新域作战力量人才。所谓"后延"，体现的是"面向部队""面向战场"。世界空战先驱杜黑指出"胜利只向那些预见战争特性变化的人微笑"[2]，新型作战力量学科专业体系建设应围绕"未来打什么仗、与谁打仗、如何打仗"的备战打仗使命任务预置设计重点学科（专业）方向及学科（专业）内涵，统筹新型作战力量军事应用与知识创新、当前急需与未来发展，对应构建相关的新型作战力量学科（专业）知识

---

[1] 李媛. 新时代军事学学科发展的三个重点向度[J]. 空军工程大学学报（军事科学版），2022(3)：93-95.
[2] 陈岩. 提高科技认知力创新力运用力［N］. 解放军报，2022-5-19.

体系，并以知识体系凝练带动课程科学设置和教学内容优化，最终形成新质新域特色鲜明的学科专业群落，支撑新型作战力量人才教育训练。

（2）任职培训。军队院校通过开展针对新型作战力量相关专业生长军官的首次任职培训以及针对现职军官、文职、士官等人员的新型作战力量岗位资格培训、理论专题培训、岗位专业培训等任职培训，获得武器装备操作技能、知识原理以及运用方法。在新型作战力量武器装备这一逻辑主线的串联下，通过将院校教育前伸至"研"方装备建设的立项论证、研制生产、试验定型过程，以新型号跟研、新装备跟产等形式获得新型作战力量新原理、新技术、新知识，一方面以这些新原理、新技术、新知识促进教员队伍建设、教学条件建设和人才培养模式改革；另一方面将这些新原理、新技术、新知识物化形成教学内容，通过滚动更新机制进入院校教学体系，形成不断更新的院校装备教学内容体系。通过将院校教育后延至"训"方，跟踪新型作战力量武器装备列装后新型作战力量部队的使用和训练情况，凝练新战法、新训法，一方面以这些新战法、新训法支撑新装备教学能力生成、新装备教学梯队以及新装备教学模式形成，另一方面利用这些新战法、新训法形成对教学内容体系的进步更新完善。最终，通过"前伸后延"有效实现"训""学""研"三方的一体联动，形成新装备教学的教学内容，锻造新装备教学的教学梯队，构建新装备教学的教学条件，创新新装备教学的教学模式，以新装备教学能力支撑新型作战力量任职教育开展。

（3）专项培训。军队院校作为联结"研"方和"训"方的桥梁，既可以前瞻技术又可以后联军事，在新型作战力量相关建设上可以充分发挥该优势，开展颠覆性技术与战争样式变革、科技创新与作战运用、复杂战争体系集成与验证等一系列高端理论和技术培训。通过现代科技特别是军事高技术知识的培训，使受训者能够主动从科技视角加深对现代战争形态和规律特点的认知与洞察，从而深刻把握战略战术与科技耦合越来越紧密的发展趋势，用科技换挡换道提升战斗力生成质效。一是前伸"研"方推动高端战争样式设计。聚焦分布、多域、自主、智能等高新技术带来的战争形态新变化，揭示科技创新驱动未来战争的基本机理，通过世界一流军队技术形态培训，使受训者形成未来战争雏形轮廓认知以及精准预测未来战场新变化的战略思维、超前眼光、博弈视野，并在此基础上完成高端战争的目标、力量和手段设计论证，形成新时代牵引军队建设发展的战略技术推动力。二是后延"训"方推动制强致胜方法设计。聚焦未来战争的复杂多样性，结合部队新型作战力量建设、训练实际反推开展制强致胜方法培训。比如针对高端技术人才的交叉学科综合性培训，侧重跨技术群的整体性应对方案，比如深海、深地、深空、深蓝以及由此构成的新质复杂战争体系，解决科技运用体系化和有效性问题。再如针对高级指挥人才的新型作战力量战法训法培训，充分发挥军队院校技术优势，侧重遵循系统工程理念方法，探索综合集成研讨厅建设模式，运用运筹分析、体系设计、博弈推演、评估优化等工具手段开展战法训法培训，研究开发制衡强敌的战略构想、作战概念和军事需求。

二、学研融入的部队训练

部队是新型作战力量训练的主阵地，通过军事理论实践验证、作战技能实践检验、军事演训实践磨炼进行转化塑能，具有鲜明的实践特点和锤炼特质，是新型作战力量人才理论向实践转化、知识向能力跃升的淬火场。由于部队训练聚焦军事斗争准备全过程，直接与未来战争接轨，具有联系实战紧密、武器装备齐全、演训活动经常、战斗氛围浓厚等实践优势，在整个新型作战力量训练体系中承担"使新型作战力量部队熟练专业技能和协同配合能力、提高遂行作战任务能力"的训练职责，映射到图5.1，新型作战力量"从有到强"阶段部队训练主要支撑训练目标体系中部队整体行动能力生成，兼顾人员综合能力素质培育，是新型作战力量训练全生命周期中具有最直接磨砺作用的部分，为新型作战力量能力生成构设了多样化实践环境和专业化实践平台。

（一）整体设计

未来战争是新型作战力量主导的高技术战争，敌我双方的战争博弈多为军事技术领域的相互制衡，因此相较于传统部队训练，新型作战力量训练需要更多高素质专业人才和先进作战理念做支撑，需要吸纳"研"方、"学"方主体的参与，借智引力开展高技术训练，促进知识向能力的嬗变。如图5.4所示，"研"

方、"学"方主体通过发挥各自优势深度参与部队训练,探索了面向岗位需求培养急需人才的"未来+"练兵模式,面向建设需求提供智力支撑的"科学家+"练兵模式以及面向练兵需求提供直接服务的"科技+"练兵模式,这一系列的高技术练兵模式也构成了学研融入的部队训练的主体内容。

研	学	训
新型作战力量装备研发前沿理论研究	新型作战力量院校教育	新型作战力量部队训练

服务部队:
- 面向岗位需求培养急需人才 → "未来+"练兵模式
- 面向建设需求提供智力支撑 → "科学家+"练兵模式
- 面向练兵需求提供直接服务 → "科技+"练兵模式

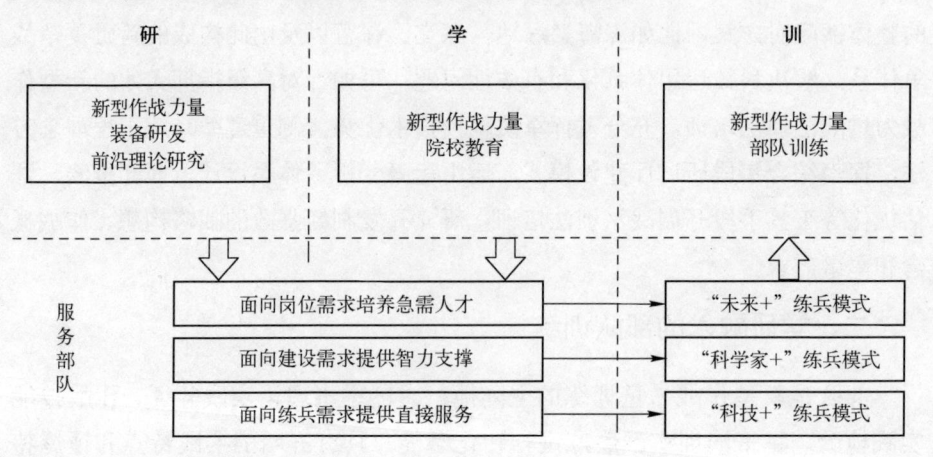

图 5.4　学研融入的部队训练

（二）内容设置

（1）"未来+"练兵模式。所谓"未来+"练兵模式是新型作战力量部队着眼未来战争需求和岗位需要,预置开展人才培养、战法创新、演训研练的模式,秉承"今天训练的样子就是明天打仗的样子",从未来战争反推现今训练,主要有未来试验部队训练、未来蓝军部队训练、未来种子部队训练几种形式。**一是依托未来试验部队,采用装备试验验证、作战概念开发等形式开展新型作战力量训练。**突出新型作战力量超前、柔性、创新特点,统筹军地院校、企业、科研机构、训练机构等优质资源,联合"研"方"学"方组建编制灵活、矩阵式管理的未来试验部队,开展高新技术装备与颠覆性技术试验鉴定、联合训练和新型作战概念验证、新概念武器和系统平台研制等工作,深度参与设计未来战争的创新实践超前开展新型作战力量预置训练,培养未来战争人才,探索建立新型作战力量指挥体系、力量编成、运用方式,培育战斗力新的增长极。通过未来试验部队训练开展,一方面可以依托综合创新优势,加快新技术孵化形成未来作战概念，缩短军事理论创新周期，另一方面可以按照边研边试边验证的思路，实现对作战概念和作战样式的验证优化、对新型作战力量的快速孵化，缩短技术转化周期。**二是依托未来蓝军部队，采用对抗演习等形式开展新型作战力量训练。**围绕新型作战力量建设，统筹智能无人、空天攻防等新型作战力量特色方向，聚焦网络攻防、电磁对抗、新型作战力量领域，基于部队编制不易调整的现实困境，选拔"学"方教员和学员以及"研"方高技术、高科技人员组建高科技蓝军，专注塑造强敌威胁，逼真模拟强敌作战能力和方式，以强敌演习实例和战法为范本指导蓝军"演真"扮相。基于"实战、临机、饱和"原则加强全局情况构设和实时态势导控，通过实时导调、连续导调，实现导蓝练红、体系联动，帮助新型作战力量部队摸底数、查问题、找差距、提能力，充当新型作战力量战斗能力生成的"磨刀石"。这种配置一方面可以快速响应军事需求、精准对接民用技术力量服务部队，另一方面可以有效提升院校教员综合素质和学员任职能力，大幅压缩新型作战力量战斗能力生成周期。**三是依托未来种子部队，采用孵化裂变等形式开展新型作战力量训练。**严格挑选院校"种子"教员和部队一线关键岗位"种子"干部进行预置训练，按照院校教学能力生成、首装部队初始作战能力形成和后续部队接装战斗力提升三个环节开展人才储备训练，确保新型作战力量"种子部队"和组训能力快速生成。后续新型作战力量部队根据部队扩编、装备列装计划，在"种子部队"内选拔储备主战（干）专业人员，全程参与装备试验、战备训练、武器装备操作维护，创设新型作战力量人才裂变孵化条件，走开"超前预置+种子复制"的新型作战力量训练路子，为后续组建同类型部队成体系培养骨干人才，加速换装部队战斗力生成。

（2）"科学家+"练兵模式。所谓"科学家+"练兵模式是新型作战力量部队吸纳"研"方"学"方等科研人员以及科研团队参与其军事理论教育、军事技能教练以及军事行动演练等训练活动的模式，主要有"科学家+"赋能作战概念孵化、"科学家+"赋能备战难题破解、"科学家+"赋能新型作战演训等形式。**"科学家+"赋能作战概念孵化**是指科研人员以及科研团队按照"用器研道"的逆向思维，重点围绕打造新质能力、抢占新域制权、形成体系优势开展新型作战力量研究和训练。实践"科学家+军事家"的理技融合训练模式，突出科技作为颠覆战争制权的根能力，运用科技孵化新的制胜机理、构想新的作战样式、设计新的指挥活动、推导新的行动方式，探索形成"理念众创—概念提炼—试验深化—实践运用"的科技孵化催生先进作战概念新范式，为打赢具有智能化特征的信息化局部战争提供强有力的智力支持和决策参考。**"科学家+"赋能备战难题破解**是指科研人员以及科研团队以新型作战力量发展战略筹划、作战需求论证、网系装备研制等宏观策略问题以及新型作战力量武器装备组织运用、值勤维护、日常管理、训练改革等常规运行问题为切入点，通过联合开展学术研究、联合实施技术攻关和联合推进成果转化等形式深度参与部队一线训练实践，着力从技术视角寻找制约军事训练效益发挥的系统性盲点、结构性堵点、体制性痛点问题以及新型作战力量武器装备体系短板弱项，从技术机理出发破解部队备战现实难题，尤其是对与新型作战力量作战训练密切相关的重大改革课题、关键理论问题等开展集智攻关。**"科学家+"赋能新型作战演训**是指科研人员以及科研团队深度参与新型作战力量战区联合演习、军兵种品牌演训以及中外联演联训等各级各类演训活动，全程参与演练方案设计、情况导调设置、作战效果评估、演练整体复盘等核心环节，通过活动过程的深度介入，达到辅助研案设案和验案修案目的。在新型作战力量演训中，"科学家+"的赋能主要体现在：一是要瞄准强敌体系赋能高威胁态势构设，牵引作战体系运转，新型作战力量演训不再是单纯的单武器平台或武器平台之间的技术比练，而是着眼体系融合的对抗检验；二是要聚焦"贯通链路"赋能全流程研练，全方位检验抗强制强"指挥链""杀伤链""保障链"，找到"弱点"、消除"盲点"、疏解"堵点"，探索新型作战力量交战规则战法；三是要赋能重要节点防护、有人无人协同、连续支援保障等新质力量运用重难点问题研练，充分发挥专家效能，并运用科学方法开展相关的军事训练创新以提高军事训练成效以及体系作战能力贡献率。

（3）**"科技+"练兵模式**。所谓"科技+"练兵模式是"科学家+"练兵模式的变式，"科学家+"模式强调"研"方、"学"方的科研人员及团队参与新型作战力量训练活动开展，而"科技+"转而强调"研"方、"学"方的科研人员及团队产出的科技成果及其转化应用、科学方法手段及系统对新型作战力量训练的辅助作用，即是间接的"科学家+"模式。近年来，习近平主席在开训动员令中屡次提及"科技强训"，要求"强化科技是核心战斗力思想"，如2019年指出"加大科技练兵力度"，2020年"加大训练科技含量"[①]，2021年"加强模拟化、网络化、对抗性手段建设，探索'科技+''网络+'等训练方法，大幅提高训练科技含量"[②]，2022年"大力推进科技练兵"[③]，从一定程度上印证了科技在当代军事训练中的重要地位。对于高技术属性的新型作战力量而言，更应在训练中充分实践"科技+"练兵模式，凸显科技地位作用。进入新时代，科技带动战争向智能化等高阶形式不断迈进，在创新链条前端的"研"方通过科技创新不断更新武器装备以适应时代之变、科技之变，中端的"学"方通过理论创新不断更新作战训练理论和战法训法以适应战争之变和对手之变，最终通过"科技+"模式搭建科技与训练之间的"快速干道"，实现科技的快速转化、快速见效。比如在新型作战力量部队首长机关训练中，突出"科技+指挥"，深化敌情、我情、战场环境和典型作战案例研究，熟知作战编成内武器装备技战术性能、操作使用流程和作战运用要求等，密切关注前沿科技发展动向，提高组织指挥科学性、针对性；主战（干）专业岗位人员训练中，突出"科技+岗位"，强化科技素养、突出一专多能，深化拓展培训相邻相关专业知识技能，积极参与战法训法研究和指挥筹划，提高战位认知能力和作战协作能力。通过"科技+"练兵模式，一方面可以有效推动国内外先进技术向军队战斗力转化应用，成为国防科技军地一体化的桥梁和纽带，另一方面可以有效提升新型作战力量训练质量效益，成为新质战斗力生成的重要抓手。

---

① 新华社. 习近平签署中央军委2020年1号命令向全军发布开训动员令[EB/OL].http://www.gov.cn. 2020-1-3.

② 新华社. 习近平签署中央军委2021年1号命令向全军发布开训动员令[EB/OL].http://www.gov.cn. 2022-1-4.

③ 新华社. 习近平签署中央军委2022年1号命令向全军发布开训动员令[EB/OL].http://www.gov.cn. 2022-1-4.

三、多元支撑的职业教育

习近平主席强调:"因应信息技术的发展,推动教育变革和创新,构建网络化、数字化、个性化、终身化的教育体系,建设'人人皆学、处处能学、时时可学'的学习型社会,培养大批创新人才,是人类共同面临的重大课题"[①]。顺应时代大背景,我军提出了"三位一体"新型军事人才培养体系,将军事职业教育作为浓墨重彩的一笔纳入我军教育训练的顶层设计。尤其对于需要保持竞争动力和创新活力的新型作战力量部队而言,更需要以职业教育这种特殊训练形式为途径来拓宽知识领域、完善知识结构、提升职业能力以满足新型作战力量人才知识、能力、素质不断革新、持续发展、逐级提升的需求,提高全体官兵驾驭未来战争的本领,这也是军事职业教育在整个新型作战力量训练体系中应尽的训练职责。映射到图 5.1,新型作战力量"从有到强"阶段军事职业教育主要支撑训练目标体系中新型作战力量人员综合能力素质生成,是根据新型作战力量岗位任职以及新型作战力量人才可持续发展的需要而开展的有组织、有计划的教育训练活动,通过对新型作战力量人才的持续培养、接续培养,达到完善知识结构、提升职业能力、内化军事素养、提高职业水平的目的。

(一)整体设计

"岗位服务性"和"职业指导性"是军事职业教育的基本属性,因此在新型作战力量训练领域,军事职业教育一方面需要立足新型作战力量岗位,提升新型作战力量人才岗位履职能力,满足部队练兵备战需要,另一方面需要着眼个体能力素质提升,增强新型作战力量人才职业发展潜力,满足个人发展需要。基于此,新型作战力量职业教育在整体设计上,应坚持"需求牵引、优势互补、资源共享、共同发展"原则,着眼满足新型作战力量岗位官兵多样化学习需求,紧紧围绕新型作战力量部队转型建设、备战打仗急需、岗位能力提升、职业素养锻造,按照精通本职必备、履职岗位必需、个人成长必修的课程学习要求,组织供给侧和需求侧的衔接,探索形成"训""学""研"

---

① 习近平. 习近平致国际教育信息化大会上的贺信[N]. 光明日报,2015-05-24.

多方参与、各方互补的新型作战力量军事职业教育模式，具体如图 5.5 所示。"训""学""研"三方在履行各自新型作战力量训练职责的同时，依托训练活动开展以及各自优势形成支撑军事职业教育的课程体系，共同支撑新型作战力量军事职业教育开展。

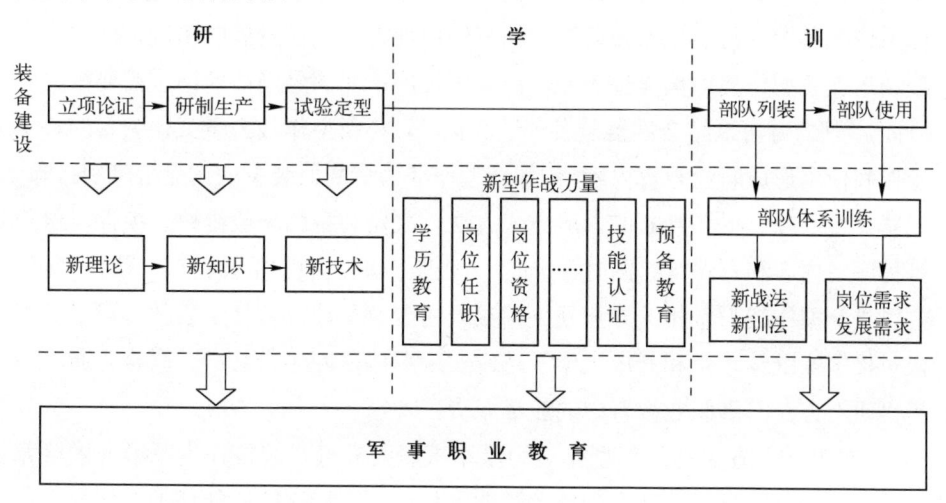

图 5.5 多元支撑的职业教育

（二）内容设置

（1）"研"方支持的新型作战力量军事职业教育。随着我军新型作战力量进入快速发展阶段，新质新域作战力量层出不穷、武器装备更新换代进程加快，新型作战力量部队逐步从人力密集型走向知识密集型、技术构成日益复杂，这些新特点、新情况都对军事人才的能力提升和成长周期提出了更高要求。军事职业教育作为院校教育、部队训练的补充，与两者群体化的"批量生产"不同，其更强调个性化的"私人定制"，即个人根据岗位任职和能力发展需要，自主选择学习的内容、时间、方式，具有差异化、多样化的典型特征。"研"方作为新型作战力量链条的最前端，具有武器装备和理论技术前沿的优势，要将这些优势所形成的新理论、新知识、新技术转化为形成军事职业教育课程的新内容，满足新型作战力量岗位官兵"私人定制"海量学习内容的构建和更新需求，确保军事职业教育具备先进性和时效性。例如，针对新列装的新型作战力量武器装备技术含量日益提高、武器系统日趋复杂的技术特点，亟需提高新型作战力量岗位人员装备驾驭能力，形成懂专业、熟操作、善使用、会维修、能创新的岗位能力，而"研"方一方面可以结合武器装备的设计提供最前沿的颠覆性技术和理论进入职业教育内容体系，例如认知作战、量子科技作战、复杂系统与体系作战等领域前沿技术和理论，拓宽知识视野，站在发展的角度，面向未来战场培养新型作战力量岗位人才，而非仅仅停留在满足当前的岗位需要；另一方面，"研"方可以结合武器装备列装和试验，将新型作战力量武器装备的基本操作和使用形成职业教育内容，例如新型作战力量武器装备的常见故障和排除，武器装备故障、损坏判断的一般方式方法，武器装备的一般维修、换件、保养等程序、内容和方法等。同时，"研"方也是军地交融的重要窗口，依托"研"方引进新型作战力量相关专业及支撑领域的国家和地方各种优质教育资源，积极对接国家继续教育和开放大学系统，实现军地资源融合共享、联合互通，亦是"研"方在军事职业教育中的应尽职责。

（2）**"学"方支持的新型作战力量军事职业教育**。院校作为军事人才培养的主阵地，其本身又是教育训练资源的聚集地，它特殊的职能任务及使命定位决定院校既是军事职业教育建设的主力军，又是军事职业教育的试验田，既要在军事职业教育理念引领、课程建设、服务保障上发挥基础性先导性作用，又要成为探索军事职业教育组织运行方式科学性合理性的受众。因此，具体到新型作战力量领域，"学"方可利用其在新型作战力量学科专业、课程体系、师资力量、新装备教学等方面的优势，以军事职业教育专业布局、课程设置及任务规划等方面为具体抓手，聚力推进军事职业教育任务纳入军队院校新型作战力量训练任务体系。**一是针对新型作战力量学历提升的军事职业教育**。军事职业教育作为军事训练的特殊形式，是面向军队人员的在岗继续教育，具体到新型作战力量领域，这一基本性质决定其教育训练指向必然聚焦于提升新型作战力量人员岗位适应能力，以满足不同新型作战力量岗位需求和官兵个人发展需要。纵观近年发展趋势，新型作战力量岗位学历要求已从本科逐步向研究生过渡，"学"方可利用承担学历教育的优势，依托军事职业教育开展与军队院校教育任务有机衔接、相互融合的学历补偿教育，弥补因受军队院校培训员额、招生规模、培养时间等诸多限制导致部分人员新型作战力量相关专业培训经历的缺失。以此类职业教育开展来提高学历层次、提升创新能力、增强发展潜力，满足个人成才需要，比如面向新型作战力量高层次应用型人才的在线专业学位研究生教育。**二是针对新型作战力量岗位任职能力提升的军事职业教育。**主要是指军队院校利用其新型作战力量学科专业建设优势，在部队岗位需求的指引下，突出新知识、新理论、新技术、新装备教学，在相关学科专业体系和任职教育课程体系的基础上开设相应的微专业，开发对应的模块化课程。以此类职业教育开展来促进知识结构更新、能力拓展更新，提升新型作战力量人员岗位履职能力和职业发展潜力。比如依据新颁发的军事训练大纲，展开满足新型作战力量岗位急需、服务练兵备战的系列在线课程建设。**三是针对新型作战力量岗位资格的军事职业教育。**由于新型作战力量岗位通常都是专业化、综合化程度较高的职业岗位，所以因应军人职业化、专业化要求，借鉴国家有关职业资格标准规范，建立新型作战力量岗位对应的职业准入资格认证制度。军队院校围绕达到各级各类新型作战力量职业资格必备的核心知识能力，设置相应军事职业教育微专业及课程面向全军开展培训，并通过军事职业教育平台或线下形式组织和参与后期的资格认证考核。**四是针对新型作战力量技能认证的军事职业教育。**遵循国家职业标准和军事训练大纲，针对某类新型作战力量职业岗位履职需要的单项通用技能，军队院校设置相应微专业，对新型作战力量特定业务或工种开展军事职业技能等级认定教育，分级制定相应标准规范，针对性地开设相关辅导课程，有效提升履职所需技能水平。比如对接新型作战力量军官基本知识体系构建需求，展开战略素养、联合素养等军官基本素养（技能）等级培训系列在线课程建设。**五是针对新型作战力量院校教育预备类的军事职业教育。**充分发挥军事职业教育对院校教育的衔接和补充作用，军队院校可以将新型作战力量相关任职培训、升级培训、研究生教育等部分基础理论课程，调整为以军事职业教育方式开设，作为院校教育相关专业（班次）的预备课程，以解决各类学员入学培训理论基础参差不齐、离岗学习时间过长等问题，有效推进军事职业教育与院校教育融合发展。

（3）**"训"方支持的新型作战力量军事职业教育。**与院校教育的"专而深"

不同，军事职业教育追求"广而全"，既要满足当前官兵专业能力提升的需要，更要满足未来战场对专业人才职业素养的需求。因此，从一定意义上来讲，部队是军事职业教育建设的原点，军事职业教育是围绕锻造和提升岗位任职能力而开展的，部队岗位任职和个体自我发展需要什么样的知识、能力、素质，军事职业教育就要随时吸收和拓展相应的知识内容和知识结构。这就要求部队在开展新型作战力量领域军事职业教育时，一方面，根据军事职业教育"源于岗位、融于岗位、用于岗位"的根本属性，摸清各级各类新型作战力量岗位能力标准要求，梳理新型作战力量岗位履职必备的核心知识和技能，提供给"学"方、"研"方作为职业教育课程的开发依据，实现教育训练资源与部队岗位需求的"训需对接""同频共振"，形成多方共同定目标、定任务、定内容的职业教育课程开发格局，解决现行军事职业教育"贴近训练大纲、贴近履职岗位、贴近职业发展的课程资源稀缺，没得学、学不懂、用不上"等问题，满足部队现实需要和官兵个人发展需求。另一方面，部队作为军事斗争实践的最前端，直接对接战场，能够通过实战、演训对抗等多种形式军事活动的开展最敏锐地触及和感知未来战争的轮廓，无论是对有形的作战对手、武器装备，还是无形的战争样式、制胜机理等变化，部队都可以形成最直观的感受并及时反馈作用于日常军事训练中，最终凝练形成新的战法、训法。而军事职业教育的开展不受时空限制，可以作为传播部队鲜活实践经验的有效载体以及形成扩散效应的最佳途径，通过联动的更新机制源源不断地将新型作战力量的新战法、新训法融入军事职业教育课程体系，有效提升相关新型作战力量岗位履职能力，形成军事职业教育对院校教育的拓展作用、对部队训练的提升作用、对军队人员职业发展的促进作用等一系列级联效应，切实提高我军打赢未来战争的能力。

第三节　新型作战力量"从有到强"阶段训练模式的流程性要素

新型作战力量训学研一体训练模式的流程性要素是指新型作战力量训学研

一体训练模式的"训""学""研"三方主体之间相互关联作用所形成的流程指向。从图 5.5 新型作战力量"从有到强"阶段训练模式 M2 的基本框架可以看出，其三个结构性要素之间是在"训""学""研"三主体支撑下的并列结构，三者间通过菱形模块所指的流程相互作用，这亦是新型作战力量训学研一体训练模式创新特色的具体印证，具体如下。

一、支持流程

新型作战力量训学研一体训练模式的支持流程是指"训""学""研"三方在开展新型作战力量训练之外，通过交互作用为新型作战力量训练活动开展提供支持的流程，典型形式有以下几种。

（一）"研"方支持"训"方作战概念开发

早在 2003 年，美军部队就把联合科研院所、工业部门、军工企业开展作战实验作为实现军事转型的四大支柱之一，而作战概念开发是其首要任务[1]。近年来，美军实践"概念开发—理论验证—方案推演—实兵检验"于一体的作战概念开发模式，先后推出"分布式杀伤""多域战""马赛克战"等作战概念，都是依托作战实验室和民间智库前瞻科技发展趋势的衍生产物。从一定意义上来讲，这种"实验室走出的战争"也凸显了"研"方在设计战争形态、创新军事理论和发展装备体系中的重要作用。新型作战力量训学研一体训练模式有效借鉴美军做法，聚焦科技孵化催生未来先进作战概念，着眼实现作战概念开发与新域新质技术攻关"双牵双驱"演进发展。其一，"研"方为"训"方作战概念开发提供技术支持。发挥"研"方科技群聚综合优势，着眼新质新域尖端技术发展及其军事应用，按照作战概念设计、关键技术突破、试验验证的小"工"字形回路闭环和作战概念设计、关键技术群突破、作战集成验证评估的作战能力生成的大"工"字形回路闭环，深化制胜机理、作战场景、指挥控制和战法运用研究，牵引新型作战力量领域作战概念设计与验证。紧紧围绕制约我军新型作战能力生成的核心技术难题，甄别选准主

---

[1] 谢苏明. 面向未来战争预实践的现代作战实验室——从虚拟战场博弈到体系工程创新[J]. 现代军事, 2017(11): 219-222.

攻方向和突破口，以颠覆性思维、超常规方式，在量子、无人、认知等新兴作战领域，前瞻经略、交叉融合，加快推动成熟技术进入装备研制、验证技术转入工程设计、前瞻技术进入远景规划，建成为制衡制胜强敌、孵化催生先进作战概念的高端创新平台，服务新型作战力量部队开展作战概念开发。

其二，"研"方为"训"方作战概念开发提供智力支持。借鉴开源社区、众筹众创软件开发模式，充分发挥"研"方创新智慧，构建"研"方、"训"方联合开发、跨域协同、军地一体等众创机制，打通作战概念设计、验证、演示各个环节，贯通新域新质作战力量关键技术突破、技术集成试验、战术战法创新各个阶段，打造规范、动态、有活力的作战概念创新链路，形成上下铰链的作战概念研究生态，探索科技视角设计未来战争新范式，缩短先进技术转化周期、军事理论创新周期、新型力量组建周期，形成具有我军特色的作战概念开发与应用流程。

（二）"学"方支持"训"方作战能力生成

"学"方对"训"方新型作战力量作战能力生成的支持功能主要体现在硬件、软件和产品三个方面。所谓"硬件"是指院校利用所具有的模拟训练和实验研究等场地、器材、平台、系统等硬件条件，服务新型作战力量部队、支持新型作战能力生成。一方面，院校建有的模拟仿真训练系统，尤其是武器装备平台级以上的大型、综合性系统，可以有效降低实兵实装在时机、人力、物力等方面的限制，为新型作战力量部队开展首长机关训练、作战方案推演等训兵练战提供支撑；另一方面，院校拥有的国家级、省部级、军队级等各类实验室，可以为新型作战力量部队提供实验环境和研究平台，有力支持新型作战力量部队开展创新性研兵研战。所谓"软件"是指院校利用所具有的师资力量、研究力量等智力资源，服务新型作战力量部队、支持新型作战能力生成。例如，师资力量通过理论教学、操作训练、战术演练等教学环节开展，为接改装部队提供新装备培训，为新装备作战能力的快速生成奠定基础。通过赴部队一线开展教学工作，指导新型作战力量种子部队训练开展，为新质战斗力快速生成提供支撑。再如，研究力量围绕新型作战力量装备体系对抗能力生成，为改进部队作战训练手段、改善作战指挥手段、提高装备保障能力等提供智力支持和决策咨询，为部队开展各级各类集训、演训、培训提供理论指导和技术服务。所谓"产品"是指军队院校作为人才培养主渠道，利用融合"人才、技术、装备、战法"的优势，以国家安全和军队建设重大战略需求为牵引，成体系培养大批理论基础扎实、科学思维严谨、创新能力突出的新型作战力量人才，为部队源源不断地输入主导未来战争的新质战斗力人才基础以及国防科技自主创新的源动力。

二、反馈流程

新型作战力量训学研一体训练模式的反馈流程是指"训""学""研"三方通过交互反馈形成一体联动，确保训练内容设置等同步协调、衔接有序，以助力新型作战力量训练活动开展的流程，典型形式有以下几种。

（一）"训"方对"学"方的人才培养反馈

在新型作战力量训学研一体训练模式下，以新型作战力量部队为代表的"训"方作为新型作战力量人才的主要使用方，对新型作战力量人才的主要生产方——"学"方，即军队院校，具有反馈功能。由于新型作战力量是一个动态演进、不断更新迭代的概念，新型作战力量部队岗位相对于普通岗位会呈现出更高的能力素质要求，同时，这些能力素质要求还会随着军事斗争准备基点和战备任务形势的调整而呈现出不断发展变化的特性。这就要求"训"方及时向"学"方进行人才培养反馈，做到新型作战力量部队和岗位建设需要什么样的人才，军队院校就努力培养什么样的人才，实现新型作战力量人才培养需求方和供给侧的供需平衡。"训"方对"学"方的人才培养反馈主要体现在以下几个方面：一是提供人才培养规格要求。按照新型作战力量建设和新质战斗力生成不断发展的迫切要求，梳理各岗位专业、各层次类别的军队人员的数质量标准，提出明确的岗位任职目标需求，提出各级各类军队人员的知识能力素质培养规格要求，作为确定军队院校培训任务规划、制定教学大纲的基本依据，作为院校制定人才培养方案、课程教学计划等的基本标准和具体要求。二是提供人才培养改革方向。通过建立完善的部队评价等机制，探索"毕业学员质量信息反馈"等抓手，反向设计、正向实施，以新型作战力量部队需求为牵引，以新型作战力量岗位需要为导向，不断强化院校与部队精准对接，提高军队院校新型作战力量人才培养的针对性和指向性。一方面，对接部队需求，积极推动院校学科专业改革，调整学科专业方向，丰富学科专业内涵，新增新型作战力量应急作战急需学科专业；一方面，对接部队需求，积极推动院校教学内容改革，制（修）订课程教学计划，更新教学内容，调整课程开设及实践教学比例；一方面，对接部队需求，积极推动院校教学方法与手段改革，把构建适应不同新型作战力量人才培养类型特点的教学方法体系作为深化教学改革、推动教育转型的重要抓手，探索理论讲授与实践操作相结合、实装训练与模拟仿真相结合等多种行之有效的专业训法及课程教法，满足新时代军队现代化建设和军事斗争准备对新型作战力量人才培养的新要求。

（二）"训"方对"研"方的装备效能反馈

"训"方作为新型作战力量武器装备的使用主体，一线掌握装备使用和保障等情况，可以为装备作战运用、改进提升、后续订购、维修保障、退役报废等工作开展提供依据，特别是对于整个新型作战力量装备体系而言，只有"训"方将战备训练、联演联训、日常管理、维修保障等使用末端中发现的装备问题及时反馈给研发前端的"研"方，才能有效形成改进闭环，促进装备效益提升。具体来讲，"训"方对"研"方的装备效能反馈主要体现在以下几个方面：一是提供装备效能问题反馈。新型作战力量武器装备是装备研制单位根据新型作战力量作战需求以及新型作战力量部队组建需求而进行设计的，虽然在新型作战力量部队使用前历经以状态鉴定为目的的"性能试验"以及以列装定型为目的的"作战试验"，技战术指标不会存在重大缺陷，但需要通过新型作战力量部队的装备使用来进一步验证装备作战效能和作战适用性，从装备与人员、部队编成、后装保障等层面的有效融合来考察装备适编性、适配性，将其中的设计问题向"研"方予以反馈。二是提供装备效能改进反馈。在上述装备效能问题反馈的基础上，一方面向"研"方提供新型作战力量装备改进的具体军事需求和相关建议，比如装备在役考核的数据、结果以及分析报告等，便于"研"方把控装备改进具体方向，提高改进针对性；另一方面向"研"方提供改进后装备的使用情况，通过"训""研"双方的多轮"反馈—改进—反馈"循环，形成装备效能螺旋迭代提升。

三、服务流程

新型作战力量训学研一体训练模式的服务流程是指"训""学""研"三方为促成新型作战力量训练目标达成而提供自身资源服务彼此的流程，典型形式有以下几种。

（一）"训"方服务"学"方新型人才培养

"训"方作为新型作战力量军事理论的践行地以及新型作战力量能力素质的淬火场，具有实践经验丰富、武器装备齐全、战训行动多样、演训成果先进等资源优势，在服务军队院校新型作战力量人才培养上可以发挥积极作用。一是从"物力"上服务"学"方新型人才培养。所谓"物力"是指新型作战力量部队的装备、场地等条件，一方面可支撑军队院校开展新型作战力量装备教学，通过联教、联训、联考、联研、联保等活动开展，构设多元化教学内容、应用多样化教学手段进行新型作战力量人才培养；另一方面，可以为军队院校教员学员开展实习见习、代职锻炼等活动提供岗位场所以及实践环境等条件保障，有效促进新型作战力量战斗力水平的提升。二是从"人力"上服务"学"方新型人才培养。新型作战力量部队指挥及技术人员都具有丰富的实践经验，可以担任军队院校兼职教官、校外导师等，参与院校人才培养方案、教学大纲等制（修）订活动、联合考核和各类评审活动、装备教学和技能教练活动等，有效弥补院校教员部队实践经验不足的短板，实现师资队伍结构整体优化，进而有效提升新型作战力量人才培养质量。三是从"战力"上服务"学"方新型人才培养。新型作战力量部队具有最鲜活的战争和训练实践，通过与军队院校联合培养可以打通新型作战力量人才战斗力生成的最后一公里。一方面可以组织院校学员跟训见学，强化作战意识，熟悉作战指挥流程，牵引新型作战力量人才融入作战体系；另一方面可以向军队院校输出最新作战训练成果，通过成果及时转化进院校、进课程、进课堂，充分发挥"训""研"双方合力育人作用；此外，"训"方可以通过军事职业教育平台，实现与院校战训成果常态共享，有效服务"学"方人才培养。

(二)"训"方服务"研"方后备人才训练

《中国的军事战略》白皮书中指出,"拓展人民战争的内容和方式方法,推动战争动员以人力动员为主向以科技动员为主转变"[①]。国防工业部门以及相关科研机构专注科技,对新威胁、新技术和新能力的出现响应速度较快,而国防科技和新型作战力量武器装备成为铰链社会生产力和军队战斗力最直接的物质技术基础和纽带,"研"方成为军地深度融合的重要载体。参与新型作战力量武器装备设计的技术人员以及工作人员由于熟练掌握新型作战力量武器装备的性能、技战术指标以及操作使用方法,加以军事训练便可成为应急应战的后备力量。"训"方作为军事训练实践组织的最佳主体,服务"研"方后备人才训练,是落实习近平主席关于"运筹打好国家总体战、全局政治战和新时代人民战争"指示,发挥人民战争伟力的重要途径,将从根本上促进新型作战力量和后备力量体系的融合,支撑战时武器装备研发、生产、使用和维修保障,推动军地联合遂行多样化军事任务,形成新形势下的"人与武器最佳结合"。"训"方对"研"方后备人才训练主要集中在两个领域,一是军事素养的基础训练。当前,新型作战力量方兴未艾,太空、网络、智能无人等领域成为各国战略竞争制高点,武器装备智能化、无人化趋势明显,战争形态加速演变,日益呈现军民一体、前后方一体的趋势,军地一体化成为打赢战争的必要手段,新型作战后备力量常备常用的特征及其地位作用日趋显著。通过对"研"方后备力量军事素养的基础训练,使其能够具备坚定的政治信仰以及合格的军事素质,支撑新型作战后备力量战时迅速转化为新型作战力量应急响应快反部队,参与各类作战、非战争军事行动及保障任务。二是军事演训的进阶训练。"研"方的新型作战后备力量依托"训"方参与相关演习,一方面可以使用、验证、优化武器装备,确保为部队提供更加成熟的新型作战力量装备;另一方面,通过嵌入现役部队作战编组进行演训实践,最大限度还原真实战争场景,使"研"方新型作战后备力量建立相应战术及整体行动意识,达到战时迅速融入现役部队形成战斗能力的训练目的。

---

① 新华社. 中国的军事战略(全文)[EB/OL]. www.81.cn. 中国军网,2017-11-01.

第六章　新型作战力量训学研一体训练模式的运行策略

习近平主席强调,"要打通从实践到理论、再从理论到实践的闭环回路,实现理论和实践的良性互动[①]"。在前文针对新型作战力量从无到有、从有到强阶段训练模式构建的基础上,运行策略的选择成为连接理论和实践的重要桥梁。本章依据质量管理中著名的戴明环理论,聚焦新型作战力量训学研一体训练模式运行中的 Plan(准备)—Do(执行)—Check(检查)—Act(处理)四个阶段(对应图 3.5 中整体模式运行部分),在各阶段选择关键质量控制要素进行策略制定,打通从模式理论构建到模式实践运行的最后一公里,为后续实践活动组织开展奠定基础。

第一节　准备阶段:着眼模式变革,培塑全新观念

新型作战力量训学研一体训练模式是新时期我军军事训练的有效创新,而创新发展和模式革新首先就意味着需要突破传统的训练观念、训练文化和训练生态。观念是行动的先导,只有在对新的训练模式达成基本共识基础上,才能有效推进新的训练模式运行。因此,在新型作战力量训学研一体训练模式运行的初始也就是准备阶段,就要着眼模式变革,树立全新观念,以思维认知变革、环境氛围营造引领训练模式创新运行。

[①] 军事科学院战争研究院. 紧紧扭住战争和作战问题推进军事理论创新[N]. 解放军报,2018-06-19.

一、新型作战力量训学研一体训练应培塑体系观念

新型作战力量训练具有两个鲜明的特征：一是涉及各个军兵种、各个职能单位、各个层级，是典型的复杂系统；二是训练主体多元，涉及"训""学""研"多方，是广义的"大训练"概念，是典型的开放系统。这两个鲜明特质就决定了新型作战力量训学研一体训练属于系统论的运用范畴。国防大学胡晓峰教授在其《战争科学论》中指出，体系是各组分通过关系网络联结，以松耦合的方式协同工作并相互影响，这也正契合新型作战力量训学研一体训练模式中"训""学""研"三方之间的关系。根据系统论的层次性原则，新型作战力量训学研一体训练模式由"训""学""研"三方主体构成，从系统结构看，三个训练主体相互作用并有机统一于新型作战力量训练的生动实践，而这种由新型作战力量训练主体之间的关系结构改变而产生的涌现效应，是新型作战力量训练效益变革性提升产生的关键；从系统目标看，三个训练主体目标指向一致，都是支撑新型作战力量作战能力生成，进而支撑一流军队目标；从系统功能看，三个训练主体功能互补、相辅相成，可以对新型作战力量训练起到"1+1+1>3"的整体倍增效益。美军转型代表人物海军上将欧文斯曾说过，军事革命的本质就是体系形成的，因此在模式运行时，首先应注重体系观念的树立。众所周知，体系化军事思想是信息时代的产物，是建设信息化军队、打赢信息化战争的主导思维方式，其本质是用系统论的观念来处理军队建设发展中遇到的重大问题。新型作战力量训练作为新时代军队建设发展所面临的重大课题，应确立体系观念，以系统思维来谋划和指导其工作开展。

二、新型作战力量训学研一体训练应培塑质量观念

习近平主席强调，"要全面贯彻军委军事训练会议精神，坚持聚焦备战打，深入推进实战实训、联战联训、科技强训、依法治训，紧贴多样化任务需求，加强针对性适应性训练，加强合成化专业化训练，加强新力量新装备训练，提高训练质量和层次"[①]。当前，我军新型作战力量建设进入弯道超车的关键期，

---

① 解放军报评论员. 聚焦备战打仗提高训练质量[N]. 解放军报，2021-03-27.

一方面建设任务全面铺开、建设进程全面推进；另一方面，军事斗争准备任务艰巨繁重，军事训练面临诸多重难点问题亟待突破，这些都对新型作战力量训练提出了新的更高要求。由于新型作战力量的作战形态与传统作战力量相比有很大不同，作战样式以远程非接触、非对称攻防为主，战争时序要求全时警戒、即时攻击，这种"千日用兵千日训""台位即战位"的应战训练标准就要求在新型作战力量训练中应牢固树立质量观念，将每次训练按照实战标准进行质量管理。特别是在新型作战力量训练模式的重新审视和构建过程中，充分运用全面质量管理（Total Quality Management，TQM）的"三全（全面性、全程性和全员性）"原则，使质量管理对象覆盖影响训练质量的各个要素，质量管理过程覆盖影响训练质量的各个环节，质量管理主体覆盖涉及训练质量的各个主体，通过训练过程的有效质量控制来确保"训""学""研"三方主体有效履行各自的训练职责，进而通过不同训练主体之间的有机对接与合作实现整体的训练目标，以确保新型作战力量广阔的发展空间和旺盛的发展后劲。

三、新型作战力量训学研一体训练应培塑融合观念

近年来，我军在新型作战力量相关建设和训练上取得了长足的进步，但距世界一流标准和备战打仗需求仍有一定差距，其中很重要的一个原因就是现有训练模式多是基于部队自身开展，是一个自我循环的封闭"小训练体系"，即使有些新型作战力量领域开展了多方合作训练，也多为零星、自发、随机行为，数量规模有限，没有形成规范的流程机制以及规模体系效应。这就要求树立融合观念，从军队乃至国家层面出发考量新型作战力量训练工作。一是要树立三方融合观念。"训""学""研"是新型作战力量训练活动直接相关的三个主体，要树立三方融合观念才能有效支持新型作战力量作战能力快速生成。而这种融合不是同质化的合并和消融，而是在认清"训""学""研"各自的职责、使命、任务的基础上开展的合作和互动，是在各自内核保持独立稳定的基础上功能部分的交叠与相互作用。二是要树立军地一体观念。习近平主席在党的十九大报告中将军地一体发展战略确立为国家七大战略之一[①]，新型作战力量训练作为新

[①] 孙力，王莺. 新时代军民融合发展战略研究[M]. 北京：人民出版社，2019.

时代军队建设发展的重点领域，也应遵从这一外在的指导规律。同时，其内在的发展规律也决定了需要走军地一体道路，特别是在网络、量子、深空等领域，要充分借鉴地方先进研究成果，探寻科技训练的新方法路子，打破军民自成体系固有格局、消除利益固化沉疴旧疾。三是要树立内外融合观念。所谓内外融合是国内和国际融合，走开国际训练交流合作的路子。军事训练国际交流是军事外交的重要组成部分[1]，是塑造我国军事强国地位、提升我军军事影响力的重要途径。只有打破封闭格局、强化内外融合观念，开展多方位、多层次、多形式的新型作战力量训练国际合作，才能在军事科技、新型作战理论、新型武器装备发展等方面博采众家之长，以前端视野和国际视角为我军新型作战力量训练注入新动力。

第二节　执行阶段：聚焦多方对接，构建运行机制

党的二十大报告中明确要求，"巩固提高一体化国家战略体系和能力。加强军地战略规划统筹、政策制度衔接、资源要素共享"[2]。新型作战力量训练作为一体化国家战略的典型实施领域，其训练资源广泛分布在"训""学""研"三方，不论是新装备交装之前的"超前培养""预先储备"，还是交装之后快速形成实战化作战能力，都要通过多方面协作配合、多层面互补互助尽快形成承训能力，采取超常措施共同完成训练任务。新型作战力量新装备、新业务和新战法训练，技术含量高、时效要求强、训练内容复杂，要求受训人员需要在规定的较短时间内，扎实掌握与部队遂行各类作战任务、处置各种突发情况等紧密相关的新知识和新技能。解决这些问题，院校、科研院所、训练机构都各具优势，但又各有短板。制度机制是"训""学""研"一体整体联动、顺畅运转的重要保证，如何通过机制的建立健全打破各种制约联合的"玻璃门"，盘活"训""学""研"三方人才、技术、装备资源，达到一加一大于二的效果，是新型作

---

[1] 李延华，王海洋，李媛，等. 新时代军事教育的科学指南[M]. 北京：国防大学出版社，2022.
[2] 新华社. 习近平：高举中国特色社会主义伟大旗帜　为全面建设社会主义现代化国家而团结奋斗——在中国共产党第二十次全国代表大会上的报告[EB/OL].http://www.gov.cn/xinwen/. 2022-10-25.

战力量训学研一体训练模式运行的核心问题。

一、新型作战力量训学研一体训练模式的动力机制

对于新型作战力量训学研一体训练模式而言，想要获得较好的训练成效，离不开合适的动力驱动，而动力一方面来自正向激励，如获得绩效，另一方面来自反向约束，如考核评估。因此，应着眼解决当前存在的需求牵引机制滞后导致的新型作战力量训练标准不一、路径不明；训需对接机制滞后造成的训需不匹、训教脱节；激励考评机制滞后造成的官兵动力不足、约束不力等问题，建立新型作战力量训学研一体训练的动力机制[1]。具有代表性的有：

（1）**训用一致机制**。制定各级各类新型作战力量人才成长路线图，明确各类新型作战力量人才成长的学历、经历、任职等具体要求，为各类人才提供清晰的"训""学""研"多方交替的任职与晋升、转岗与轮岗、教育与培训成长路径，以制度规范牵引训练活动开展，实现新型作战力量部队、装备研制单位、军队院校各类训练的有机整合，形成人才成长的全程链接。建立贯穿新型作战力量人才全职业链路的教育训练考核档案制度，明确"训""学""研"各方的考核内容标准和组织形式，确保新型作战力量人才依据岗位需要和职业发展，得到充分持续的教育培训和岗位任职历练[2]。结合军事人力资源政策制度改革，统筹教育训练制度与选拔任用制度的一体化设计[3]，坚持先训后用、不训不用的刚性规定，推动教育训练经历进入官兵职业发展路径，从根本上解决训用一致、管建一致的问题。

（2）**训需对接机制**。按照需求生成提报、评估论证、执行落实、调整反馈四个环节，分层次、分部门开展工作对接，有效解决训练需求"谁来提""向谁提""谁汇总""谁审核"等问题。以"训"方和"学"方对接为例，"学"方可以通过建立学员跟踪调查制度，对新型作战力量相关专业毕业学员以及接改装部队受训学员等进行持续关注，借助信息化手段，如依托军综网建立毕业学员

---

[1] 李媛，温靖宇，姚翔. 三位一体新型军事人才培养体系合力育人机制探析[J]. 炮校，2022(4)：84-86.
[2] 尹巧，李媛. 三位一体新型军事人才培养对策研究[M]. 北京：解放军出版社，2019.
[3] 李媛，温靖宇，姚翔. 三位一体新型军事人才培养体系合力育人机制探析[J]. 炮校，2022(4)：84-86.

质量反馈平台等，与已成为"训"方代表的学员共同探究不同新型作战力量岗位的能力需求和岗位标准，深入挖掘支撑各个岗位履职的核心能力和急需能力，从部队新型作战力量岗位需求以及新型战争现实需要反向设计院校培养目标、课程体系、教学方式、师资队伍，为院校教育活动开展提供刚性依据和有力牵引，使院校做到打仗需要什么就教什么、部队需要什么就练什么，实现"学"方同"训"方的精准对接；系统梳理新型作战力量按纲施训需要进一步深化和拓展的知识与技能，为军事职业教育开展提供建设需求和方向，实现军事职业教育与官兵职业素养提升需求的训需对接。

（3）**岗位资格机制**。新型作战力量岗位具有较强的专业性，需要建立岗位任职资格制度，牵引训练走向标准规范。新型作战力量人才能力生成不是一蹴而就的，而是一个通过"训""学""研"多方连续衔接的教育训练逐步从低到高、逐级递进的进阶式过程，在其整个职业生涯过程中，不同的发展阶段所任职的不同岗位，所需的核心能力也不相同。因此，要按照新型作战力量岗位任职需要，科学设定每一种岗位的任职资格标准，形成包括思想政治素质、军事基础素质、任职培训经历以及个人学历学位、专业背景、衔职等级、年龄范围等要素在内的岗位准入资格制度。同时，通过军事人力资源岗位分析，按照需求牵引、体系设计、前瞻布局的思路，编制各级各类新型作战力量岗位能力标准，形成包括培养目标、培养标准、淘汰机制等要素在内的岗位资格制度，使每个岗位都有明确的能力培养指向和能力要求标准，为新型作战力量训练提供标准依据。

二、新型作战力量训学研一体训练模式的支撑机制

新型作战力量训学研一体训练模式的运行，需要建立健全多方协同的有效支撑机制，统筹军队院校、试训基地、装备研制单位训练活动开展，使得军队院校、试验训练基地和装备研制单位真正走出一条教育、训练、培训、试训多向互动、资源互补的新路子，最终实现功能涌现、合作共赢。具有代表性的有：

（1）**计划统筹机制**。为支持新型作战力量训学研一体训练的多方位、常态化运行，应建立计划统筹制度对模式整体运行进行指导。在新型作战力量部队

被授予组建命令时，新型作战力量部队应积极与相应院校和装备研制单位进行沟通，根据教学、训练任务和实际需求，共同协商制定并上报整体训练计划。所属大单位训练主管部门审核计划，并按规定程序上报军种或上级训练主管部门审批，必要时可由主管部门直接协调制订计划、方案。其次，由于新型作战力量训练牵涉各军兵种院校、部队、试训基地、装备研制单位、地方工业部门等，多方面多层次协调工作纷繁复杂，有必要建立重大任务专项协调制度。设置专项任务协调组，吸纳相关单位主管部门指定人员担任联络员。采取适时召开会议协调、现地协调等形式，共同研究解决组织实施中的职责切分、任务对接、内容设定、装备调配以及进度协同等问题，确保新型作战力量训练活动按照预定计划有序准备、规范实施[①]。

（2）**需求提报机制**。以"训"方需求提报为例，"训"方主体主要有新型作战力量部队和试验训练基地两类，其中，新型作战力量部队驻地是新型作战力量训练开展的主要场所，试训基地是军方最先接触和掌握新型武器装备的，两者在新型作战力量装备及新型作战力量人才的需求上有绝对的发言权。因此，依托"训"方建立新型作战力量人才和装备训练需求提报机制，有利于整个新质作战能力快速生成。试训基地在建立健全新装备部队实战化训练的相关制度、规程、预案的同时，还应在新装备部队成立之前与军方科研院所论证部门一道向机关主管部门提供编成、岗位设置和人员专业等配套需求，向相关专业院校反馈新型武器装备系统及其配套系统的专业类别、可能设置的岗位情况，为院校超前设置学科、专业和教学准备提供依据。在新型作战力量首装部队成立之后，特别是到装备研制单位进行装备知识预先跟训，了解武器系统构成、岗位需求、专业需求之后，同样需要向机关主管编制的部门、院校任务规划的部门提报人才岗位需求和培训需求；在首装部队及后续新型作战力量部队成军之后，还应根据战备训练需求，不断反馈人才培养中存在的问题，提出各类、各层次人才的培训需求。

（3）**联合育人机制**。新型作战力量训练的最终落脚点是新型作战力量人

---

① 曹领祺，尹巧，李媛. 院校部队联合教育训练理论与实践研究[M]. 北京：解放军出版社，2018.

才，因此建立联合育人机制有效提升人才培养质量，对训学研一体训练模式的开展也能起到较好的支撑作用。军队院校担负着新型作战力量人才培养的主责，同时兼具"研"方的知识密集、研究前沿以及"训"方实践运用、备战打仗的特点，处于整个"训学研"链条的中心和枢纽位置，是建立三方合力育人机制的关键。所以，应由军队院校这一人才培养主渠道进行"搭台唱戏"，让以装备研制单位为代表的"研"方以及以新型作战力量部队和试训基地为代表的"训"方充分参与新型作战力量人才培养全过程。"研"方通过对军队专业院校进行科技输入，拓展新型作战力量人才科技视野，敏锐新型作战力量人才创新触角，在人才培养过程中孕育新型作战力量智力支持的种子。"训"方通过对军队专业院校进行需求输入，使新型作战力量人才培养具有靶向性，并且能在最短的时间适应新型作战力量运用，缩短新型作战力量生成周期。通过抓住人才这一新型作战力量的核心要素，以联合育人机制建立有效支撑一体训练。

三、新型作战力量训学研一体训练模式的保障机制

新型作战力量训学研一体训练模式的正常运行，需要建立以现有教育训练条件和保障体制为基本依托，以"训""学""研"三方资源统合和协调互用为重要途径，以共建共享共用的训练基础环境、训练装备手段、技术保障力量等为主要承载的保障机制，实现新型作战力量训练资源的按需整合、集约配置和高效使用。

（1）**资源共享机制**。充分认识"训""学""研"三方主体在新型作战力量训练目标上的归一性，统筹军队院校、试训基地、装备研制单位优势训练资源，建立完善训练资源共享机制。充分发挥院校技术资源密集、部队配装及时和装备充足、试训基地试验验证便利、科研院所技术研发力量强的优势，不断探索资源共享的方式。以装备器材的共享机制建立为例，一是建立以"训"方为主要依托的训练装备共享机制，根据新型作战力量教育训练任务需求，采取计划调配和临机调配相结合的方法实现新型作战力量装备的共享，解决因装备资源缺乏导致实装组训难等问题。二是建立以"学"方为主要依托的模拟训练器材

共享机制，充分利用院校在模拟训练上的优势，依托模拟训练中心或模拟训练器材，采取集中建设、集约使用的方式实现新型作战力量模拟训练装备器材的共享，为模拟化训练开展提供有效支撑。三是建立以"研"方为主要依托的精密仪器共享机制，利用装备研发单位专业性强、用途特殊、价值贵重的仪器，采取协调互借、临时调配的方法，为新型作战力量装备维修调试、技术开发提供保障。

（2）**集约保障机制**。集约是经济领域的专业术语，可理解为集合要素优势，节约生产成本，提高单位效益的方式。对于新型作战力量训练来说，集约化保障就是要通过统筹"训""学""研"三方各类训练场地、专业实验室、科研试验场地的建设使用来降低训练成本、提高训练效益，以满足开展新型作战力量专业技能训练、综合集成训练和体系试验训练等方面的需求。一是建立以"训"方为主要依托的试验训练场地集约共用机制，利用新型作战力量试验训练基地所具备的新型作战力量试验训练中心等条件建设、新型作战力量试验训练支撑平台等平台建设，为新型作战力量训练开展提供保障，解决因场地受限，部分实装训练、专业演练组织实施展开难的问题。二是建立以"学"方为主要依托的专业训练场地集约共用机制，新型作战力量训练中部分课目训练依赖军队院校专业训练教室、国家及军队重点实验室等院校专业训练场地，建立集约共用机制可以有效解决新型作战力量训练中部分课目训练平台缺乏的问题。三是建立以"研"方为主要依托的科研训练场地集约共用机制，利用装备研制单位研发平台、测试平台等，为新型作战力量装备效能测试、基础预训、技术训练、实验实习提供保障。

（3）**区域协作机制**。依托地缘优势，探索建立区域内新型作战力量教育训练协作机制，完善院校和部队联教联训等制度、院校和科研院所联研联建等制度、科研院所和部队联考联保等制度，通过联合教育训练活动开展，推进新型作战力量资源统建共用及成果转化共享，并在实践中理顺新型作战力量训练中"训""学""研"三方的责、权、利，畅通新型作战力量装备研制单位、军队院校、试训基地、新型作战力量部队间的交流机制，形成区域统筹的新型作战力量训练环境。初期通过需求性订单合作机制的建立，展开人资互聘、场地租赁等基础合作，重点解决组训力量短缺、训练条件不足等问题；中期通过互补性链式合作机制的建立，围绕训练要素建设开展协作实践，实现由临时向常态、由单向向互补、由单一向综合的协作模式转变；后期通过深度性铰链式合作机制的建立，有效聚合多方训练资源，最大限度地开放条件、共享资源，向融合创新聚焦，实现区域协作赋能新型作战力量训练。

第三节　检查阶段：依托模式评价，提升训练质量

新型作战力量训学研一体训练模式具有组训力量的联合性、训练组织的开放性、训练内容的演进性等特点，这就决定了新型作战力量训学研一体训练模式的评价，既要遵循传统评价的一般原则与要求，又要牢牢把握新型作战力量训学研一体训练模式的特点与规律，才能充分发挥评价导向性、激励性作用，达到以评促建、以评促改的评价目的，使评价工作成为促进新型作战力量战斗能力快速生成的推动力量。

一、新型作战力量训学研一体训练模式的评价导向

评价是一种价值判断活动，其本质内涵和根本目标就是促进评价对象科学发展、长远发展和自主发展[1]。因此，对于新型作战力量训学研一体训练模式，其评价导向或目标就是促进新型作战力量训练的发展，即提高训练质效和加快新质战斗力生成。由于我军新型作战力量建设本身就处于起步阶段，其训练亦是一个边研究边实践边改进的过程，需要秉承发展的评价导向，通过对模式主导下训练质量效益发展态势、发展潜力、发展程度的科学评估，有效促进新型作战力量作战能力生成，如图6.1所示。有别于传统评价，在发展导向下，新型作战力量评价开展既应注重对新型作战力量训练基础和现状的考察，又应注重反馈—矫正功能的运用，通过评价结果分析以及对其发展过程的追踪和诊断，对未来的重点改进和发展方向进行预判，并通过确定改进路径、评价改进能力、制定并执行改进计划使得改进过程不断循环，最终

---

[1] 尹巧. 军队发展性院校评价研究[D]. 西安：空军工程大学，2016.

实现训练质效的螺旋上升。具体来讲，在落实发展评价导向的实践中需要注意以下几方面的问题。

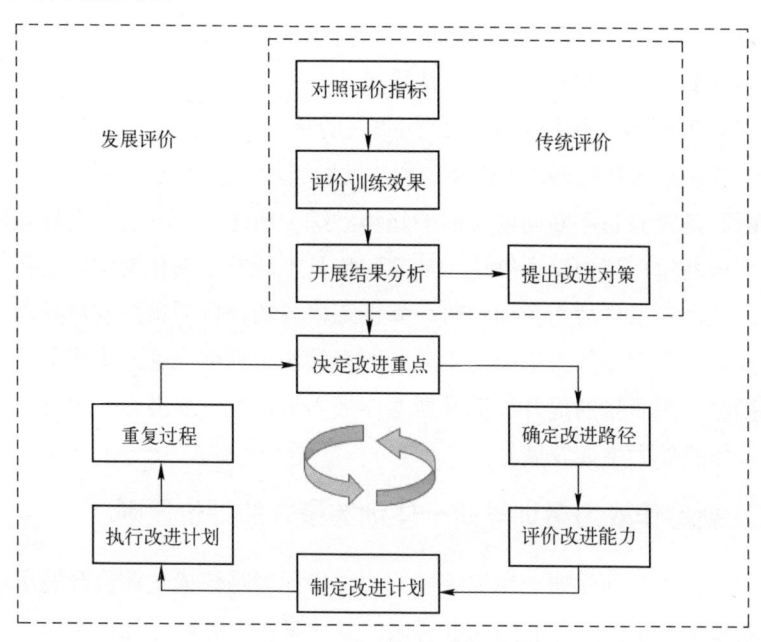

图 6.1 发展评价与传统评价的区别

（1）训学研一体训练模式组训力量的联合性决定了其在充分聚合训、学、研优势力量资源的同时，也不可避免地存在着训练主体之间的差异化。而这种差异化要求在开展新型作战力量训练评价时，应充分融合多元价值主体对新型作战力量建设发展的需求，通过协调多方开展价值沟通共同建构新型作战力量训练模式的评价指标、评价标准、评价结论，并通过寻找符合整体利益最优化的评价路径以最大程度消解价值冲突，从而使训学研多方克服本位主义带来的狭隘价值取向达成价值共识，并进而获取最大的发展效益。

（2）在新型作战力量训练开展的过程中，应充分发挥评价的导向和调控功能，将训练质量关键要素以及执行存在难度、联合需要协调等需要重点关注的内容纳入评价体系，通过评价活动的开展引导训学研三方对照评价标准组织新型作战力量训练，尽力纠治与评价指标不相符的发展态势，充分挖掘模式的发展潜能；通过评价活动的开展掌握训学研三方教育训练建设底数，把控训学研一体训练整体效果，了解训练开展现状、目标完成情况以及需要重点关注内容的发展进程，并在此基础上制定对应的调控措施及方案，确保新型作战力量训练发展方向的科学性和发展目标的达成度。

（3）以发展为目标导向的评价其关注的重点在于发展增量而并非现有基础，不仅考察其现有状态，还要合理预估其发展潜力；不仅考察其数质量状态，还要判断其是否具备不断向前发展的趋势。综上所述，以发展为目标导向的评价完美契合新型作战力量训练这一从零起步且不断发展变化的评价客体的评价需求。因此，新型作战力量训学研一体训练模式的评价要秉持发展导向，既应关注当前支撑新型作战力量能力生成所取得的相关训练成就，更应关注发展重心的转换和训练质量的提升，提升新型作战力量训练发展潜力，最终支撑新型作战力量作战能力生成发展。

二、新型作战力量训学研一体训练模式的评价原则

新型作战力量训学研一体训练模式的评价原则是该模式评价开展所依据的法则，是整个评价活动开展的标准遵循。具体来讲，有以下几条原则。

（1）引领性原则。一方面在新型作战力量训学研一体训练模式的评价实施过程中要发挥评价"风向标"作用，让新型作战力量训练对标习近平主席关于军事训练的最新指示要求、军委及各级训练机关关于军事训练的最新文件精神以及我军战斗力提升的急缺紧需现实，确保新型作战力量训练发展方向的正确；一方面在新型作战力量训学研一体训练模式的评价实施过程中要发挥评价"指挥棒"作用，使"训""学""研"三个主体的行为动机归正到提高新型作战力量训练质效这个统一目标上来，并在持续合作中不断校正各自行为，有效支撑新型作战力量作战能力生成。

（2）协调性原则。由于新型作战力量训练是一个多主体共同参与的军事实践活动，而"训""学""研"主体各自都有自己的训练利益诉求，这从一定意义上必然导致三方产生一定的价值冲突，损害最终的训练产出效益。因此在评价实施过程中，需要通过协调平衡各方利益，最大程度消解价值冲突。协调性

原则要求在开展新型作战力量训学研一体训练模式评价时，充分考虑不同主体的发展需求和价值取向，摒弃强势主体单一价值观主导的局面，通过多元价值协商，让渡各自部分价值以换取整体利益的优化，最终共同构建价值图景，实现多方主体价值共识达成。

（3）**激励性原则**。新型作战力量训学研一体训练模式评价实施过程中，评价动力是一个重要因素，决定着评价成效并进一步制约着新型作战力量训练质效，只有秉承正向激励的原则，选择适合新型作战力量训练的动力源才能保证新型作战力量作战能力顺利生成。传统评价模式的动力来源主要是上级机关和监督管理部门带有约束性、指令性的外部动力，而新型作战力量训练是一个多方协作的过程，单纯依靠外在的硬性要求往往难以达到评价目的，应在"激励性"原则的导向下，鼓励"训""学""研"三方从自身需求溯源，建立发展内动力，推动新型作战力量训练质效持续提升。

三、新型作战力量训学研一体训练模式的评价组织

由于在新型作战力量训学研一体训练模式下，"训""学""研"三方首先组分独立、无从属关系；其次，存在相互依存关系，需要借助彼此开展训练；最后，需要完成共同的使命。这三点亦是体系的典型特征，因此新型作战力量训学研一体训练模式的评价是一种典型的基于体系的评价，不能采用传统的还原论思想静态、局部、孤立地开展评估，而应该采用复杂系统的思想动态、整体、联系地开展评估。在其具体组织实施上，主要分为评价准备、评价实施、形成结论几个阶段。

在评价准备阶段，主要任务是达成价值共识并开展评价方案设计和指标体系制定。所谓价值共识是指"训""学""研"主体就"为什么评""评什么""怎么评"等评价基本问题达成一致，对一体共促新型作战力量训练发展的目标形成共识，并就评价实施过程中的权责利进行合理分配，最终形成尊重各方评价意愿、有效调动各方内在能动性的评价方案和指标体系，为后期评价实施奠定良好基础。需要注意的是：一方面，发展目标是一个应然的价值图景，即新型作战力量训学研一体训练模式运行所期望达到的状态，因此它也是一个随着各

方利益诉求和整体训练需求不断调整的变量，需要建立循环改进机制，通过对评价目标的不断调整引领整个新型作战力量训练发展。另一方面，在指标体系的制定上，要有别于传统评价在指标点具有独立性和完备性的基础上，按照指标权重建立树状体系，再依次设立评价标准的指标体系构建办法，而应选择具有代表性的、能反映训练效能的演化类指标、效果类指标等来建立网状指标体系。

在评价实施阶段，主要任务是依据前期的评价方案设计组织评价活动开展。由于新型作战力量训练是一个隐形绩效的过程，在评价组织实施时，需要拉长时间考察区间才能真正体现其效益。因此，要转结果导向为过程导向，将评价的重点放在对过程的监控上，将其贯穿于训练需求测算、组训能力生成、训练实践开展全过程。首先，在"三方"的评价中，要突出过程中对体系贡献支撑作用较强部分的考察。例如，针对"训"方，着眼对新型作战力量训练具有直接支撑作用的数字化战场、数字化装备、实兵演练等试训条件和服务能力建设开展评估；针对"学"方，着眼军队院校教育训练过程中影响新型作战力量训练的关键因素和关键环节开展评估。具体而言，关键因素是指院校教育训练中最基础最核心的部分，主要包括专业建设、课程建设、授课质量、师资建设、条件建设等，关键环节是指院校教育训练中直接关联教育训练成效的理论教学、实践教学、创新训练、指导自学、课外活动、考试考查等环节；针对"研"方，着眼新型作战力量高科技赋能的主要特点，从"技术攻关""战法研究""战略研究"等层面，针对"科技+试验研究""科技+作战研究""科技+军事研究"等直接作用于新型作战力量作战能力生成的研究开展评估。其次，在"一体"的评价中，要突出过程中对体系特性支撑作用较强部分的考察。复杂系统理论认为，结构决定功能，针对"训""学""研"三方之间自组织演化的网状结构关联结构，在评价时要着重考察聚集系数、级联效应、社团演化等支撑体系结构的特性指标考察。

在形成结论阶段，主要任务是基于对新型作战力量建设全局的支撑程度而对新型作战力量整体训练质效做出判断，并对"训""学""研"各方训练开展的目标、程度、态势和潜力等进行诊断。这种基于发展性的评价结论，不出现直接的分数判定和等级划分，而是通过差异化的等级描述来客观反映评价实质性的结论。同时，在作出事实陈述的基础上，还应发挥评价的改进功能，在评价结论中体现对新型作战力量训练过程中存在问题的深入挖掘，聚焦制约新型作战力量能力生成的瓶颈问题和薄弱环节，提出实质性的发展策略。这种评价结论的形成，有利于各个主体认清新型作战力量训练工作开展中自身的优势与不足，明晰各自的实际现状及未来的努力方向，为新型作战力量训练的持续发展改进提供支持和调控。

第四节　处理阶段：强化数据运用，形成改进闭环

传统的训练整改提升多采用单位对单位、部门对部门、人对人的口头或书面形式开展，信息传递链路过度依赖于人的因素，导致无法完全实现实时和精准的训练整改信息传递。而新型作战力量又有着极快的更新迭代速度，整改信息的迟滞成为影响新型作战效能提升的瓶颈问题，施行"循数整改"、依托数据进行精准化的训练改进提升成为新型作战力量训练的大势所趋。

一、训学研一体训练模式中"研"方的"循数整改"

所谓"循数整改"就要搞清两方面问题：一是"循数"，需要厘清整改数据来源，即新型作战力量训练中哪些数据可以支持"研"方训练工作改进或者哪些渠道可以为"研"方训练工作改进提供数据；二是"整改"，即获取这些数据后，"研"方如何利用这些数据开展训练整改。后面内容都照此逻辑框架展开。

新型作战力量训学研一体训练模式中改进阶段"研"方的"循数"。"研"方的"循数"分为两个部分，**一部分是"研"方内部新型作战力量训练相关的评估数据**，例如，对新型作战力量装备功能性能指标进行验证的性能验证试验数据，考核新型作战力量装备性能的达标程度、确定新型作战力量装备技术状态的性能鉴定试验数据、对新型作战力量装备主要战术技术指标进行评定的状态鉴定审查数据，在近似实战环境和对抗条件下对装备及其体系作战效能和作战适用性等进行考核与评估的作战试验数据；对新型作战力量训练以及组训的

贡献率、达成度评估数据等。**另一部分是"研"方外部新型作战力量训练相关的反馈数据**，例如，"训"方对"研"方的新型作战力量在役考核反馈数据、装备训练运用数据等新型作战力量装备使用反馈数据；作战概念、制胜机理等新型作战力量重大战略研究需求反馈数据；作战指挥、决策模型等新型作战力量技战术需求反馈数据等。"学"方对"研"方的装备模拟训练系统、作战使用仿真平台等平台系统使用反馈数据；新型作战力量装备作战使用需求、军事训练需求反馈数据；新型作战力量课程内容设置更新、师资组训、跟产跟研、军事职业教育等方面的需求反馈数据等。

新型作战力量训学研一体训练模式中"研"方依托数据的"整改"。在"试训一体"的整体逻辑下，通过"循数整改"找到装备设计与装备性能、体系作战效能和作战适用性预设指标的差距，形成新型作战力量装备设计"设计—评估—反馈—优化"的快速迭代路线，通过设计的不断优化和完善，实现新型作战力量装备研发质量的螺旋上升；通过"循数整改"校正装备设计与军队院校、新型作战力量部队的装备作战使用需求之间的偏差，使生产出的新型作战力量装备实用、好用、耐用；通过"循数整改"实现军事与科学、理论与实践、指挥与技术的深度耦合，促进新型作战力量装备体系效能生成。

二、训学研一体训练模式中"学"方的"循数整改"

新型作战力量训学研一体训练模式中改进阶段"学"方的"循数"。"学"方的"循数"分为两个部分，一部分是**"学"方内部新型作战力量训练相关的评估数据**，例如，新型作战力量教学质量评估数据，即授课质量、课程考试、专业技能考核、学习满意度、课堂抬头率等评估数据；新型作战力量条件建设评估数据，即新型作战力量装备、新型作战力量模拟训练器材等装备资产评估数据、新型作战力量作战实验室、新型作战力量作战训练中心、新型作战力量模拟训练中心等基础条件评估数据；新型作战力量人才培养质量评估数据，即学员岗位任职能力、发展潜力等评估数据；新型作战力量师资力量评估数据，即对承担新型作战力量相关培训、培养任务的教员的专业理论、知识技能、学术造诣等能力水平评估数据以及数量、年龄、职称、经历等队伍结构评估数据等。**另一部分是"学"方外部新型作战力量训练相关的反馈数据**，例如，"研"方对"学"方的新型作战力量装备性能参数、技战术指标、实验数据等装备研制数据；前沿技术、尖端科技、高端实验等高新技术发展数据等。"训"方对"学"方的新型作战力量学科专业设置、课程内容选择、教学方法运用等教学反馈数据；新型作战力量人才能力需求、人才培养建议、人才培养质量等人才反馈数据；新型作战力量装备运用、装备维修等装备训练数据等。

新型作战力量训学研一体训练模式中"学"方依托数据的"整改"。通过"循数整改"为新型作战力量精准人才画像，定制针对性的教育训练计划，实现新型作战力量人才与岗位的精准匹配；通过"循数整改"推动新型作战力量课堂教学改革，明晰学习动机，量化学习行为，洞察学习规律，进行准确预测，施行教学干预，提升教学质效；通过"循数整改"推动新型作战力量教学内容改革，充分吸纳"研"方装备研发、实验以及"训"方装备运用、战法创新反馈，充实更新教学内容；通过"循数整改"建强新型作战力量师资/组训队伍，一方面利用评估数据订单式补差，比如针对新型作战力量教员任代职经历欠缺订制计划，开展更高效且有针对性的师资培训，一方面对照评估数据规划新型作战力量队伍，预测人力资源发展趋势，更好地促进军队院校新型作战力量人力资源优化配置。

三、训学研一体训练模式中"训"方的"循数整改"

新型作战力量训学研一体训练模式中改进阶段"训"方的"循数"。"训"方的"循数"分为两个部分，**一部分是"训"方内部新型作战力量训练相关的评估数据**，例如，新型作战力量部队开展远程投送、指挥推演、实兵演练、实弹检验等基于作战行动全流程的考核评估数据；新型作战力量部队演训活动中作战筹划、兵力机动、占领阵地、模拟交战、火力转移等重点环节组织实施以及考核评估数据；新型作战力量部队训练规划计划落实情况评估数据和依据军事训练大纲开展军事训练的考核数据；以及新型作战力量领域"督政、督法、督效、督纪"的军事训练监察数据等。**另一部分是"训"方外部新型作战力量**

训练相关的反馈数据，例如，"研"方对"训"方的新型作战力量装备技术、性能指标等反馈数据；技术人员跟训跟战、国防后备力量训练开展等需求数据；"学"方对"训"方的新型作战力量作战成果检验等反馈数据；联合教育训练，学员实习、实践活动开展，教员任代职、参加重大演训活动等需求数据；新型作战力量培训班开设、调学计划等计划数据等。

新型作战力量训学研一体训练模式中"训"方依托数据的"整改"。通过"循数整改"从"人治"走向"数治"，着力挖掘制约新型作战力量战斗力生成和影响未来打赢能力的训练短板，为新型作战力量训练改进提供定量参考依据，提高训练改进的针对性，提升新型作战力量训练质量；通过"循数整改"弥合新型作战力量训练需求、岗位任职需求和人才培养供给之间的差距，实现训需对接、训用一致；通过"循数整改"，对标新型作战力量人才培养目标、岗位能力标准，形成能力清单模块，统筹"学""研"以及军事职业教育资源，做到缺什么补什么、弱什么训什么；通过"循数整改"，形成训练数据的闭环流转，可以为精细化训练模式的构建和运行提供思路与方法，为军委机关、军兵种精准指导和帮扶提供科学依据，是未来军队训练管理的发展方向。